essentials

essentials liefern aktuelles Wissen in konzentrierter Form. Die Essenz dessen, worauf es als „State-of-the-Art“ in der gegenwärtigen Fachdiskussion oder in der Praxis ankommt. *essentials* informieren schnell, unkompliziert und verständlich

- als Einführung in ein aktuelles Thema aus Ihrem Fachgebiet
- als Einstieg in ein für Sie noch unbekanntes Themenfeld
- als Einblick, um zum Thema mitreden zu können

Die Bücher in elektronischer und gedruckter Form bringen das Fachwissen von Springerautor*innen kompakt zur Darstellung. Sie sind besonders für die Nutzung als eBook auf Tablet-PCs, eBook-Readern und Smartphones geeignet. *essentials* sind Wissensbausteine aus den Wirtschafts-, Sozial- und Geisteswissenschaften, aus Technik und Naturwissenschaften sowie aus Medizin, Psychologie und Gesundheitsberufen. Von renommierten Autor*innen aller Springer-Verlagsmarken.

Steffen Hillebrecht

Fahrradtourismus verstehen

Ein Überblick für Hotellerie, Gastronomie und Tourismusorganisationen

Springer Gabler

Steffen Hillebrecht
Business School
Technische Hochschule Würzburg-Schweinfurt
Würzburg, Deutschland

ISSN 2197-6708 ISSN 2197-6716 (electronic)
essentials
ISBN 978-3-658-50296-6 ISBN 978-3-658-50297-3 (eBook)
https://doi.org/10.1007/978-3-658-50297-3

Die Deutsche Nationalbibliothek verzeichnet diese Publikation in der Deutschen Nationalbibliografie; detaillierte bibliografische Daten sind im Internet über https://portal.dnb.de abrufbar.

Springer Gabler ist ein Imprint der eingetragenen Gesellschaft Springer Fachmedien Wiesbaden GmbH und ist ein Teil von Springer Nature.
Die Anschrift der Gesellschaft ist: Abraham-Lincoln-Str. 46, 65189 Wiesbaden, Germany

Was Sie in diesem *essential* finden können

- Kurzer Abriss der Entwicklung des Fahrradtourismus
- Beschreibung des Marktvolumens und typischer Nachfragemuster
- Ableitung von Arbeitshilfen für Gastronomie, Hotellerie und Tourismusorganisationen

Inhaltsverzeichnis

Über den Autor

Prof. Dr. Steffen Hillebrecht ist Professor für Medienmanagement und Projektmanagement an der Business School der TH Würzburg-Schweinfurt. Zu seinen Forschungsgebieten zählen insbesondere Personaldienstleistungen aller Art, mit verschiedenen Veröffentlichungen im Springer Verlag (Grundkurs Personalberatung, Führung von Personaldienstleistungsunternehmen etc.). Als überzeugter Fahrradtourist verfügt er über 40 Jahre Markt-Insights, die er hiermit gerne der Tourismuswirtschaft zur Verfügung stellt

Einleitung: Fahrradtourismus und seine Entwicklung

1

1.1 Eine Definition des Fahrradtourismus

Als Fahrradtourismus gilt nach einschlägigen Definitionen jene Form von Tourismus, bei der das Fahrrad im Sinne des § 63a StVZO als wesentliches Mittel der Fortbewegung zur Erkundung einer Destination genutzt wird, und bei der das Erlebnis einer bestimmten Region mindestens eine Übernachtung inkludiert (vgl. Kagermeier 2020, S. 242 ff.; ähnlich Volgger und Demetz 2021, S. 178). Selbst bei Nutzung eines Pedelecs i. S. d. § 63a II StVZO[1] wird die Fortbewegung im Wesentlichen durch die eigene Muskelkraft erreicht, sodass die Reisegeschwindigkeit eine intensive Begegnung mit der bereisten Region erlaubt und Emissionen in einem sehr eng begrenzten Rahmen gehalten werden. Fahrradtourismus geht zudem mit relativ hohen Konsumausgaben einher und bildet damit eine hochinteressante Wirtschaftsaktivität (vgl. Rüdiger, 2025, passim; ergänzend Ciascai et al. 2022, S. 2 ff.; Osóch und Steingrube 2024, S. 762 ff.). Für alle Beteiligten, vom Touristen

[1] Vereinfacht gesagt: Vom Gesetz her gelten Pedelecs als Fahrräder mit Unterstützung, bei denen sich die motorisierte Unterstützung bei einem Tempo über 25 km/h von allein abstellt und eine maximale Leistung von 250 W bereitgestellt wird (§ 63a I StVZO 2017). Sie sind von einer Versicherungspflicht befreit, die fahrende Person benötigt auch keinen Helm, wohingegen E-Bikes.i.e.S. auch eine Geschwindigkeit über 25 km/h zulassen, einer Versicherungspflicht unterliegen und Fahrer einen Helm tragen sowie eine entsprechende Fahrerlaubnis besitzen müssen (siehe auch Pliefke und Metzger 2025). Im sprachlichen Alltag hat sich allerdings die Bezeichnung „E-Bike" für alle Typen gleichermaßen durchgesetzt, sodass hier der Verständlichkeit zuliebe keine Unterscheidung vorgenommen wird und der Begriff „E-Bike" synonym für alle Fahrräder mit Unterstützung durch einen elektrischen Motor verwendet wird.

S. Hillebrecht, *Fahrradtourismus verstehen*, essentials,
https://doi.org/10.1007/978-3-658-50297-3_1

selbst über die bereiste Region bis zur tourismusrelevanten Industrie (d. h. in erster Linie Gastronomie und Hotellerie sowie Kulturangebote aller Art für Sightseeing) hat diese Reiseform mithin vor allem positive Folgen. Entsprechend wertet man Fahrradtourismus als eine ideale Form des nachhaltigen Reisens und Erholens.

Im Hinblick auf die Marktdaten (in Abschn. 2.1 näher vorgestellt) und das oftmals praktizierte Naherholungsverhalten vieler Radler greift nach Meinung des Autors die Fokussierung auf den Übernachtungstourismus allerdings zu kurz. Es wäre auch interessant, den regional aktiven Tagestouristen mit zu beachten (siehe auch Stolte, 2025, S. 273 f.). Nur dadurch wird die Fülle des Fahrradtourismus greifbar, die durchaus auch trotz unterschiedlicher Nachfragemodalitäten in ein und derselben Person vorkommen kann:

- Naherholungs-Radler, die am Nachmittag oder am Wochenende eine Runde drehen und vielleicht noch in der Gastronomie einkehren, sei es allein, sei es in kleinen Gruppen
- Kurzurlauber, die zwei oder drei Tage auf dem Fahrrad unterwegs sind und dazu möglichst im Nahbereich bleiben, um eine vernünftige Relation zwischen Transportzeit und Nutzungszeit zu erhalten, als Übernachtungsgäste wie auch mit einer Einkehr in der Gastronomie und bei Sehenswürdigkeiten für Umsatz sorgen
- Wochenurlauber, die mehrere Tage eine gewisse Distanz überwinden wollen (z. B. eine der thematischen Fahrrad-Routen entlang von Flüssen oder anderen Landschaftsmerkmalen) und dies zumeist in Gesellschaft (mit Ehepartner, Freunden etc.) unternehmen
- Sporturlauber, die von einem definierten Standort aus (z. B. einschlägige Hotels oder Campingplätze) in Bikeparks und Bikepark-ähnlichen Naturräumen mehrere Tage lang sportliche Herausforderungen suchen
- Haupturlauber, die sich zwei oder drei Wochen lang auf dem Fahrrad bewegen und dazu auch gerne mit dem Flugzeug in andere Länder fliegen, um sich vor Ort auf Leihrädern zu bewegen
- Regionaltouristen, die eigentlich mit einem Wohnmobil auf dem Campingplatz stehen oder sich in einer Ferienwohnung aufhalten und mit dem Fahrrad mehrere Touren zum Erkunden der Urlaubsumgebung unternehmen, aber auch Möglichkeiten der Freizeitgestaltung nutzen
- Etc.

Abb. 1.1 zeigt schematisiert diese Vielfalt anhand der Kriterien Zeitdauer und dominantes Nutzungsinteresse.

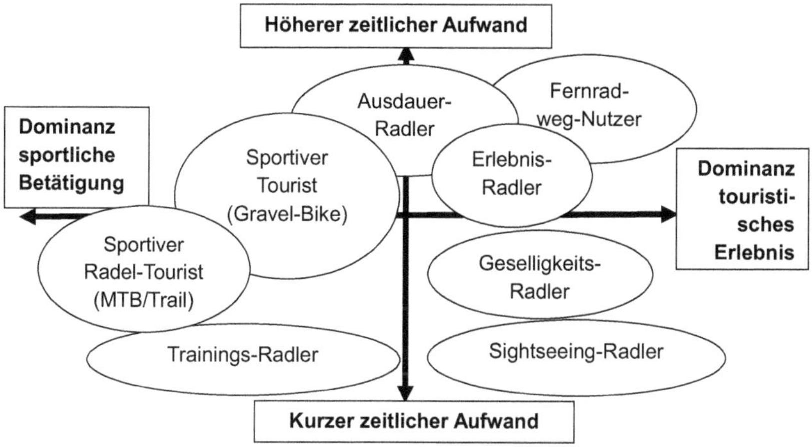

Abb. 1.1 Kategorisierung des Fahrradtourismus

Selbstredend kann diese Darstellung noch weiter ausdifferenziert werden, was in Kap. 3 auch noch vertieft wird. Und es wird sicher auch noch weitere Nachfragerkategorien geben. Wichtig ist ein Charakteristikum: Auf den ersten Blick haben diese verschiedenen Nachfragergruppen wenig Überschneidungen und suchen entsprechend individuelle Lösungen. Gleichzeitig wird man auf Anbieterseite ein Interesse daran haben, die aufgebaute Infrastruktur möglichst vielfältig und von möglichst vielen Zielgruppen genutzt zu wissen. Auf diese Weise lassen sich Investitionen leichter abdecken und höhere Umsatzpotenziale wecken. Ein gutes Verständnis für die dahinterliegenden Bedürfnisse und ihre Gemeinsamkeiten bzw. Unterschiede hilft folglich, eine allgemeine und möglichst breit nutzbare Infrastruktur aufzubauen und mit entsprechenden Anpassungen auf die individuellen Bedürfnisse zu reagieren – „Customizing“ im Marketingdeutsch (siehe auch Minculescu und Kleinaltenkamp 2013, S. 101 ff.).

Zudem gilt es, weitere Aspekte zu beachten, die die Nachfrageentscheidung wesentlich mitbestimmen, einschließlich der „begleitenden Nachfrage“ (d. h. des Einkaufs von Material für den Fahrradtourismus: Regenbekleidung und Schutzausstattung wie Helme und Protektoren, ergänzend auch Packtaschen und weiteres Zubehör). Der Fahrradfahrer ist auf seinem Fahrzeug relativ ungeschützt den Unbilden der Natur und den Gefährdungen durch andere Verkehrsteilnehmer ausgesetzt und erlebt sich folglich als besonders vulnerabel. Er wird daher regelmäßig Wert auf die entsprechende Gestaltung der touristischen Wege legen:

- Möglichst auf eigenen Fahrradwegen unterwegs sein, entweder auf speziellen Trassen oder zumindest auf baulich von der Autostraße getrennten Fahrbahnen, ersatzweise auch auf ruhigen Nebenstraßen mit einer geringen Frequenz an motorisierten Verkehrsteilnehmern (siehe z. B. DLR 2019, S. 13 ff.)
- Nutzung von Wegen, die zudem für eine leichtere Orientierung zuverlässig und durchgängig ausgeschildert sind
- Unterstellmöglichkeiten bei ungünstiger Wetterlage

Fahrradtouristen sind häufig „ideologisch aufgeladen", im Sinne einer deutlichen Präferenz für die Fortbewegung mit einem Fahrrad als besonders umweltfreundliches und nachhaltiges Verkehrsmittel (siehe auch Fraunhofer-Institut für System- und Innovationsforschung ISI 2024).

Insgesamt entsteht nach Meinung einzelner Autoren durch die Spezifitäten des Fahrradtourismus ein eigener „Stamm" („tribe" im Original bei Volgger und Demetz 2021, S. 177 ff.), der sich durch viele Merkmale von anderen Touristen unterscheidet, bis hin zu der Überlegung, ob sich daraus auch weitere nachgelagerte Konsuminteressen ableiten lassen, z. B. das Interesse an spezifischen Kulturangeboten, an Bekleidungsartikeln usw. (vgl. Volgger und Demetz 2021, S. 182 f.). Diesen Überlegungen gilt es nachzugehen.

1.2 Eine historische Rückschau auf die Entwicklung

Der Fahrradtourismus dürfte vermutlich mit dem Aufkommen der Fahrräder vor 200 Jahren entstanden sein (vgl. Volgger und Demetz 2021, S. 177 ff.; ergänzend Rüdiger 2025). Mit der Erfindung des kurpfälzischen Freiherrn Karl von Drais wurde eine einfache technische Möglichkeit geschaffen, mit der ein Mensch unabhängig von Pferden oder sonstigen Beteiligten eine gewisse Distanz zurücklegen kann, und zwar mit einer Geschwindigkeit, die das Tempo eines Fußgängers deutlich übersteigt, bei vergleichbarem Energieaufwand. Das Potenzial für die einfach gemachte Erkundung von anderen Gegenden außerhalb des eigenen Wohnorts war damit inhärent, und dies nutzten auch Personengruppen, den ein individuelles Reiseverhalten bis dato nicht zugestanden wurde (vgl. Smith 2020). Der Brite Thomas Stevens trat 1884 sogar zu einer Weltumrundung per Velo an und erregte damit breite Aufmerksamkeit (vgl. Wikipedia o. J.; ergänzend Stevens 1887). Entsprechend gründeten sich bald Radfahrvereine, die ihren Mitgliedern neben der entsprechenden Unterweisung in den richtigen Umgang mit dem Zweirad auch verschiedene gemeinschaftlich durchgeführte touristische Unternehmungen anboten,

z. B. im oberfränkischen Raum (vgl. Dix et al. 2019). Organisierter Tourismus war damit quasi von Beginn an gegeben.

Einen deutlichen Aufschwung nahm der Fahrradtourismus im deutschen Sprachraum in den 70ern, spätestens mit den 80er-Jahren des 20. Jahrhunderts. Reiseanbieter ebenso wie Tourismusorganisationen erkannten das Potenzial und entwickelten touristische Routen mit den dazugehörigen Angeboten in Form von leicht zugänglichen Sehenswürdigkeiten, leicht zugänglicher Gastronomie und adäquaten Übernachtungsmöglichkeiten. Als offiziellen Startpunkt für diese Entwicklung wird z. B. im deutschen Sprachraum die Einweihung des Donau-Radwegs von Donaueschingen bis Wien im Jahr 1986 gesehen (siehe auch Dreyer et al. 2012, S. 183 ff.; Schmude 2021, S. 22 ff.). Regionale Radwege wie der Moselradweg oder der Bodenseeradweg waren allerdings schon einige Jahre vorher etabliert. Ergänzend wurden an verschiedenen Orten so genannte „Bikeparks“ angelegt, wobei als Blaupause oft der Bikepark im österreichischen Leogang gilt. In einer landschaftlich geeigneten Region (bergig, mit verschiedenen Möglichkeiten, Trials in verschiedenen Schwierigkeitsstufen anzulegen) und ggf. unter Einrichtung technischer Aufstiegshilfen (gerne auch Skilifte, die im Sommerbetrieb entsprechend umgebaut werden) bzw. mithilfe von Shuttle-Diensten können Mountainbiker ihre eigenen Fertigkeiten verfeinern, ähnlich dem Bergwanderer in der warmen Jahreshälfte oder dem Skiwanderer und -abfahrer im Winter.

Der Allgemeine Deutsche Fahrradclub e.V, (ADFC) beteiligte sich mit Qualitätskonzepten, die u. a. eine Klassifizierung von Fahrradwegen oder auch die Empfehlung besonders fahrradfreundlicher Beherbergungsbetriebe unter dem Siegel „ADFC bed & bike“ (vgl. ADFC o. J.) umfassen. Der Erfolg spricht für sich, wenn 2023 allein in Deutschland ca. 23 Mio. Menschen ihr Zweirad für touristische Zwecke einsetzten (vgl. ZIV 2025). Weltweit wird der Umsatz im Jahr 2020 auf 345 Mrd. US-$ geschätzt, mit einem Entwicklungspotenzial auf ca. 1,3 Bill. US-$ bis 2030 (vgl. Ntovoli et al. 2024). Darüber, inwiefern dieser Wert zu hoch angesetzt ist, lässt sich insbesondere im Hinblick auf die in Deutschland erhobenen Werte (siehe Abschn. 2.1) trefflich spekulieren, aber in der Richtung als solcher findet diese Aussage auch die Unterstützung des Autors.

Das Angebot an Destinationen hat sich parallel zur Nachfrage entsprechend deutlich entwickelt. In Deutschland, aber auch in Österreich und in der Schweiz, in Belgien und den Niederlanden lassen sich das ganze Land umfassende Fahrradrouten bereisen, wie die einschlägigen Übersichtswerke aus einschlägigen Fachverlagen aufzeigen.

Zudem können auch anderenorts schon vielfältige Angebote erkannt werden. Zu nennen sind z. B.:

- Neuseeland (Ritchie und Hall 1999)
- Kroatien (Poljicek und Sego 2021)
- Griechenland (Ntovoli et al. 2024)
- Ecuador (Patricio und Yoarnelys 2024)
- Türkei (Duran und Başol 2018)

Kernelemente sind zumeist:

- eine fahrradfreundliche Routenführung, die einen möglichst hohen Erlebniswert (kulturell, Natur) bietet,
- eine angemessene Angebotsbreite an Gastronomie und Unterkünften entlang der Route und
- ergänzende Services (z. B. Transportdienstleister für die An- und Abfahrt, ggf. Fahrradverleih und Fahrradreparatur).

Zeitgleich konnte die Serviceindustrie (Fahrradzubehör wie Packtaschen und Regenbekleidung, Radreiseführer etc.) eine gute Entwicklung nehmen. Ausstatter wie Ortlieb Sportartikel GmbH oder VauDe Sport GmbH & Co. KG weisen inzwischen dreistellige Millionenumsätze aus. Nicht zuletzt hat das Aufkommen von Fahrrädern mit Elektromotor-Unterstützung („E-Bikes“, offiziell Pedelecs) einen zusätzlichen, deutlichen Impuls geliefert (vgl. Dreyer et al. 2012, S. 25 f.), da damit auch Menschen ohne Training oder im fortgeschrittenen Alter noch größere Strecken zurücklegen können. Ausdruck dieses Aufschwungs ist die Vielzahl einschlägiger Ratgeberbücher, die die 50 oder 100 schönsten Radtouren eines Landes vorstellen, 50 Flussradwege definieren, die man unbedingt gesehen haben soll etc.

Als Vorteile gelten gemeinhin neben der gegenüber einem Fußgänger höheren Geschwindigkeit die Möglichkeit, die umgebende Natur mit ihren Elementen und Sehenswürdigkeiten direkt zu erleben. Die Möglichkeit zum alleinigen Reisen oder auch zum Tourismus in mehr oder weniger großen Gruppen sowie eine hohe Variabilität in der Ausgestaltung sprechen aus Sicht der Befürworter für diese Erholungsform: sei es eine Sternfahrt rund um eine fest gewählte Unterkunft oder auch eine Fahrt über eine längere Distanz (z. B. einen Flussradweg entlang) – der Umfang der Fahrtstrecke, die Dauer des Ausflugs etc. sind Argumente für diese Form des Tourismus. Und nicht zuletzt scheint der Charakter der Fortbewegung auch für verschiedene Formen der Selbstreflexion (vgl. beispielhaft Girtler 2011; Moat 2020) besonders geeignet. Das zahlt selbstredend auch auf die Werbung für fahrradgestützten Tourismus ein, ähnlich wie z. B. im Fernsehen übertragene Sportwettbewerbe rund um das Fahrrad. Viele kennen die Sportereignisse „Tour de France“, „Giro d’italia“ oder auch in Deutschland die Rheinland-Pfalz-Rundfahrt oder den „Rund um den Henniger-Turm"-Contest (offiziell „Straßenradrennen Eschborn-Frankfurt"), die aufgrund der breiten Medienresonanz für ihre jeweiligen Ausstattungsorte PR-Arbeit betreiben. In den entsprechenden Insider-Medien haben aber auch „Red Bull Rampage" oder „Red Bull District Ride" einen guten Klang, die von einer bekannten Getränkemarke gesponsert werden. Sie zeigen, dass Zweirad-Sport etabliert ist und damit auch auf die breite Masse ausstrahlt.

Im Angesicht der langjährigen Marktevidenz einerseits und im Hinblick auf die vorzustellenden Spezifika dieses Tourismussegments andererseits liegt eine intensivere Beschäftigung nahe. Es gilt dabei, insbesondere den weiteren Forschungsbedarf zu definieren, da die vorliegenden Ausarbeitungen in der Regel entweder nur sehr allgemein das Segment als solches charakterisieren oder aber bestimmte Aspekte (z. B. marktforscherische Beschreibung des Verhaltens und konkrete Bedarfe zur Infrastruktur, siehe auch Volgger und Demetz 2021, S. 178) betonen. Relevante Forschungsarbeiten werden schon seit den 1990er-Jahren veröffentlicht, wie Abfragen mit einschlägigen Suchmaschinen (z. B. mit den Suchwörtern „scientific research bicycle tourism") aufzeigen. Es liegt jedoch bisher kein geschlossenes Modell der Nachfrage vor, was auch einschlägige Übersichtsstudien (z. B. bei Ciascai et al. 2022; Han et al. 2020; Sharma und Nag 2025) aufzeigen. Hierzu sollen einige Anregungen für die weitere Forschungsarbeit vorgelegt werden. Den Ausgangspunkt hierfür bildet eine Marktbeschreibung.

Wirtschaftsfaktor Fahrradtourismus 2

2.1 Marktbeschreibung

Als Wirtschaftssektor steht der Fahrradtourismus für ca. 9,5 Mrd. € Umsatz jährlich allein in Deutschland (vgl. DTV 2009; ergänzend Schmude 2021, S. 46 ff.),[1] ohne die Umsätze der Service- und Ausstatterindustrie, also der Lieferanten von Packtaschen, Schutzbekleidung und Radreiseführern, oder auch Fahrradgepäckträgern und -anhänger für Pkws (im nachfolgenden Abschn. 2.2. noch vertieft). Dennoch überrascht, wie stark der Fahrradtourismus bisher vor allem als Thema der Verkehrswegeplanung bzw. der Entwicklung von Tourismusregionen („Destinationen“) beachtet wurde und wie randständig der Fahrradtourist per se in der einschlägigen Tourismusforschung in seinem konkreten Nachfrageverhalten erscheint, was man beispielhaft bei Dreyer et al. (2012) ablesen kann. Es scheint sich eher um ein Randthema zu handeln, obwohl die Charakteristiken dem sich verändernden Urlaubsverhalten der Bundesbürgerinnen und Bundesbürger sehr gut entsprechen (vgl. Hillebrecht 2024, S. 564 f.). Dies mag auch in der Gesamtrelation begründet sein, da die 9,5 Mrd. € Umsatz nur einen relativ kleinen Anteil am gesamten Tourismusmarkt mit ca. 212,7 Mrd. € Umsatz jährlich umfassen (vgl. DTV 2009). Jedoch ist es die Qualität, die diesen Markt interessant macht, und auch das Marktpotenzial der Zukunft. Zum einen, weil ein durchschnittlicher Fahrradtourist ohne Übernachtung – diese Definition steht im Widerspruch zur Definition in Abschn. 1.1, ist aber empirisches Faktum—ca. 16 € täglich ausgibt für Verpflegung,

[1] Redaktioneller Hinweis: Die vom Deutschen Tourismusverband für 2025 angekündigte Grundlagenstudie (DTV 2025) war zum Zeitpunkt der Manuskripterstellung noch nicht verfügbar.

S. Hillebrecht, *Fahrradtourismus verstehen*, essentials,
https://doi.org/10.1007/978-3-658-50297-3_2

Eintrittsgelder oder auch für Transportleistungen, inklusive Fähren (vgl. DTV 2009). Ein Fahrradtourist mit Übernachtung konsumiert sogar für einen dreistelligen Betrag, da er z. B. eine Übernachtung benötigt zusätzlich zu Verpflegung, Transport oder Souvenirs (vgl. DTV 2009). Zum anderen, weil Fahrradtourismus im Gegensatz zum autogebundenen Tourismus mit deutlich geringerer Umweltbelastung einhergeht, angefangen bei der Abgas- und Lärmbelastung (man vergleiche z. B. Motorradfahrer mit Fahrradfahrern) über die Anforderungen an Straßen bis hin zum Bedarf bei Abstellplätzen. Um hier eine ausführlichere Analyse zu ermöglichen, liegt es nahe, die gesamte Struktur der für den Fahrradtourismus relevanten Anbieter aufzuzählen. Nicht zuletzt zeigen sich veränderte Präferenzen im Nachfrageverhalten, die auf erlebnisorientierte, leicht zugängliche Angebote in Europa und hier z. B. speziell in Deutschland setzen (vgl. BMWI 2025).

2.2 Wesentliche Anbieterstrukturen

Ein ausdifferenzierter und seit längerem existenter Markt verfügt in der Regel über eine Vielzahl an Anbietern, die mit direkten Angeboten oder unterstützenden Dienstleistungen aktiv sind. Im Markt des Fahrradtourismus können folgende wesentliche Anbieter definiert werden:

- Gastronomie- und Unterkunftsbetriebe für die Verpflegung und Übernachtung, wobei diese sich sicher nicht allein auf den Fahrradtourismus stützen werden, aber durch geeignete Einrichtungen und Angebote den Bedürfnissen von Radtouristen entgegenkommen (z. B. Fahrradgarage)
- Reiseveranstalter für Fahrradreisen aller Art, z. B. durch die Vorbereitung interessanter Tourenvorschläge und das Angebot, Übernachtungsmöglichkeiten und weitere Services (z. B. Leihfahrräder, Gepäcktransfer, ggf. auch Organisation der Anreise zum Startpunkt und Abreise vom Endpunkt aus) für den Fahrradtouristen zu organisieren
- Anbieter von speziellen Bikeparks, die eine sportive Betätigung mittels Zweirad erlauben
- Tourismusverbände und vergleichbare Organisationen, die eine bestimmte Region als Fahrraddestination entwickeln und pflegen
- Ausstattermarkt, also Fahrradindustrie und -handel, Handel mit Zubehör (Packtaschen, Schutzkleidung aller Art, Fahrradträger für Autos etc.), fahrradrelevante Medienanbieter (Fachverlage für Fahrradliteratur: Reiseführer, Fachmagazine etc.) usw.

- Fahrradbezogene Dienstleister (z. B. Fahrradverleih, Werkstätten, aber auch Transportunternehmen mit Einrichtungen zur Fahrradmitnahme wie Eisenbahn, Linienbusse, Shuttle-Dienste, Fähren, ggf. auch Lufttransport), bis hin zum Angebot für geistliche Einkehr in so genannten „Radwege-Kirchen“ und ähnlichen Einrichtungen (siehe auch Evangelische Kirche in Deutschland o. J.)

Man erkennt an dieser Aufzählung, dass eine trennscharfe und ausschließliche Aufzählung nur in wenigen Fällen möglich ist. Allerdings können die relevanten Anbieter durch bestimmte Entscheidungen zu einem attraktiven Marktteilnehmer werden und damit für sich den Anteil am Fahrradtourismus erhöhen. Dies wird im Folgenden an den Beispielen Gastronomie, Hotellerie, Tourismusverbände, Sehenswürdigkeiten und kulturelle Anbieter und Transport verdeutlicht:

- **Gastronomie:** Durch entsprechende Bewerbung an Radwegen und in radtourismusrelevanten Medien (Reiseführer, Online-Medien wie komoot.de) und durch eine fahrradgerechte Infrastruktur (in erster Linie ausgewiesene Abstellplätze mit der Möglichkeit, das Fahrrad am Abstellplatz durch ein geeignetes Seilschloss zu sichern), kann Gastronomie ihren Anteil am Fahrradtourismus erhöhen.
- **Hotellerie:** Durch entsprechende Bewerbung an Radwegen und in radtourismusrelevanten Medien (Reiseführer, Online-Medien etc.) kann Hotellerie ihre Attraktivität für den Radtourismus erhöhen, wobei eine fahrradtourismusrelevante Infrastruktur hilfreich ist: gesicherte Unterstellmöglichkeiten (Fahrradgarage) mit der Möglichkeit, einen E-Bike-Akku aufzuladen, ggf. auch durch die Möglichkeit, ein Fahrrad für Ausflüge zu mieten, sowie die Bereitstellung eines Werkzeugkoffers für die Behebung kleinerer Pannen und Schäden. Der Interessenverband ADFC hat hierzu Kriterienkataloge definiert, die bei entsprechender Beachtung das Gastgewerbe berechtigen, mit dem entsprechenden Qualitätssiegel zu werben (vgl. ADFC o. J.). Diese Kriterienkataloge werden auch von verschiedenen regionalen und Landestourismusverbänden aktiv unterstützt. Im Hinblick auf mögliche Verzögerungen bei der Anreise (z. B. durch eine Panne, Unwetter oder auch durch verpasste Fähren bzw. Verspätungen im Eisenbahntransport etc.) wird der Fahrradtourist die Möglichkeit eines verspäteten Check-ins (bis ca. 20.00 Uhr) sehr schätzen, ggf. durch ein digitales Check-in-System oder aber durch einen Code-gesicherten Schlüsselkasten im Eingangsbereich. Nicht zuletzt kann auch ein (gebührenpflichtiger) Shuttle-Service hilfreich sein, wenn das Hotel z. B. etwas weiter entfernt von einem Bahnhof liegt.

- **Tourismusverbände:** Diese können durch die Gestaltung und Ausschilderung geeigneter Fahrradrouten, die auch an Sehenswürdigkeiten vorbeiführen, die Bereitstellung von geeignetem Informationsmaterial (gedruckt, online, letzteres für Mobil-Geräte optimiert) und gepflegte Pausenstationen (Bank und Tisch an landschaftlich reizvollen Orten mit Aussicht) zu einem attraktiven Marktteilnehmer für den Fahrradtourismus werden. Hilfreich sind auch Stationen mit Werkzeug für einfache Reparaturen, einer Luftpumpe und einer Möglichkeit zum Aufladen von E-Bike-Akkus, und nicht zuletzt Informationstafeln zu historisch und/oder kulturell besonders wichtigen Stätten, gerne an Pausenstationen. Im Hinblick auf die alternde Gesellschaft und die moralischen Wünsche der Bevölkerung sind auch öffentliche Toiletten ein nicht zu unterschätzender Service. Gegenüber den örtlichen Tourismusbetrieben können Information über Bedarfe der Touristen und Auswertungen der Erfahrungen einen gute Unterstützung darstellen.
- **Sehenswürdigkeiten und kulturelle Anbieter:** Hier zählt für den Fahrradtouristen in erster Linie die Möglichkeit, das eigene Fahrrad für die Dauer der Besichtigung sicher anschließen zu können und nach Möglichkeit auch Angebote, das eigene Gepäck oder zumindest Wertsachen für die Dauer der Besichtigung sicher zu verwahren (z. B. in einem Schließfach).
- **Transport:** Fahrradabteile in Bahnwaggons, Fahrradanhänger an Omnibussen und Fahrradeinhängevorrichtungen bei Bergbahnen führen dazu, dass Transport den Anteil am Fahrradtourismus erhöht.

Um die genannten Punkte besser gestalten zu können, werden im Nachfolgenden Elemente der Nachfrage näher vorgestellt und modellhaft in Form eines Prüfrasters zusammengefasst. Selbstredend gilt, und dies wird im Abschn. 3.4 nochmals aufgegriffen, dass eine Spezialisierung auf wenige Zielgruppen zwar die Attraktivität für diese Zielgruppen erhöhen kann, aber auch die Abhängigkeit von wenigen Nachfragegruppen deutlich erhöht und die Verteilung der erforderlichen Investitionen entsprechend prägt.

3 Nachfragemodell im Fahrradtourismus

3.1 Allgemeine Nachfrage-Beschreibung

Die Nachfrage nach Fahrradtourismus-Angeboten wird in der einschlägigen Literatur oft mit dem Ansatz „Planned Behavior" (geplantes Verhalten; siehe Ajzen 1991) erklärt, z. B. bei Han et al. (2017), Kahjehshahkoohi et al. (2022) oder Sann et al. (2024). Ein verständlicher Ansatz, da insbesondere mehrtägige Reisen eine gewisse Vorbereitung erfordern: Auswahl der Ausrüstung, Bestimmung einer Route und ggf. Entscheidung für oder gegen zusätzliche Dienstleistungen wie die Übernachtung in gezielt ausgewählten Unterkünften, die Einbindung von Eisenbahn- oder Automobiltransport oder vielleicht auch die Entscheidung, eine Destination anzusteuern, bei der man vor Ort ein Fahrrad leihen kann. Das Wetter kann einen zusätzlichen Einflussfaktor darstellen, wenn Touristen ihre Nachfrageentscheidung von bestimmten Wetterlagen abhängig machen und ggf. auf andere Destinationen mit einer bevorzugten Prognose ausweichen oder gar die gesamte Nachfrageentscheidung verändern (z. B. einen Badeurlaub am Gardasee statt einer Radtour zwischen Bodensee und Königssee). Und nicht zuletzt wird die Buchung einer umfangreichen Reisedienstleistung (vororganisierte Fahrradreisen, inklusive Unterkunft und oftmals ortskundiger Begleitung) eine geplante Handlung darstellen.

Als großen Vorteil der Planned-Behavior-Theorie kann man die Möglichkeit sehen, durch gezielte Marketingmaßnahmen auf die Nachfrageentscheidung Einfluss zu nehmen, da sie gewisse Vorhersagen zum Informations- und Entscheidungsprozess erlaubt, wenn man die innere Beteiligung des Entscheiders kennt (vgl. Ajzen und Fishbein 1969).

S. Hillebrecht, *Fahrradtourismus verstehen*, essentials,
https://doi.org/10.1007/978-3-658-50297-3_3

Allerdings wird die Betrachtung einzelner Parameter oder Kundengruppen nicht der Gesamtsituation gerecht. Vielmehr gilt es, zunächst einmal die Vielfalt des Fahrradtourismus in toto zu erkennen und darauf aufbauend die Bedürfnisse einzelner Zielgruppensegmente zu analysieren. Es ist gerade im Hinblick auf die Komplexität einer Tourismusdestination sinnvoll, ein möglichst breites Zielpublikum anzusprechen, um die Marktpotenziale bestmöglich auszuschöpfen, zumal Investitionen in die Infrastruktur (Radwege, Wegweisung etc.) damit besser abgefangen werden können.

Die Grundlagenstudie Fahrradtourismus des ADFC (2024, S. 4 f.) erkennt fünf verschiedene Segmente:

1. Tagesausflügler mit dem Fahrrad (ca. 36,4 Mio. Personen, die insgesamt 455 Mio. Ausflüge unternahmen),
2. Urlaubsradler (10,6 Mio. Menschen nutzten ihr Fahrrad im Urlaub für verschiedene Aktivitäten)
3. Radreisen im kurzen Zeitraum mit ein bis zwei Übernachtungen (ca. 5 Mio. Menschen, die ca. 7 Mio. derartige Kurzreisen durchführten)
4. Radreisen mit einer Dauer von mindestens drei Übernachtungen (3,6 Mio. Menschen, die ca. 5,5 Mio. derartige Reisen im Jahr 2023 durchführten)
5. Nicht-Radtouristen (ca. 64,1 Mio. Menschen, von denen sich aber zumindest 55 % eine fahrradbasierte Reise vorstellen können und damit ein noch nicht erschlossenes Potenzial darstellen)

Dabei gilt es zu beachten, dass eine Person durchaus mehrere der genannten Segmente berührt: Am Wochenende wird vielleicht eine mehrstündige Tour in der näheren Umgebung unternommen, allein oder im Freundes- oder Familienkreis. An einem Wochenende macht man eine zweitägige Fahrradtour mit dem Lebenspartner, und im Sommer oder Herbst wird vielleicht noch eine einwöchige Radtour entlang einer touristisch besonders herausragenden Route unternommen. Und je nach Verfügbarkeit wird die Person auch an dem einen oder anderen Tag einmal einen Tagesausflug unternehmen, allein für sich oder auch in Gesellschaft mit Familienangehörigen oder Freunden. Insbesondere, wenn Alkoholkonsum ein Bestandteil des Tagesplanes sein sollte (z. B. beim Besuch eines Weinfests oder Schützenfests oder einfach aufgrund von persönlichen Konsumpräferenzen beim Besuch einschlägiger Gastronomie) stellt das Fahrrad eine gute Alternative dar, da hier in vielen Ländern im Vergleich zum Steuern eines Automobils andere Grenzwerte beim maximalen Alkoholkonsum gelten.

Eine selbstverständliche Nutzung des Fahrrads im Alltag wird zudem auch die Wahrscheinlichkeit erhöhen, dass das Fahrrad auch für die Urlaubsgestaltung in Betracht kommt. Dies mag zum einen mit dem Trainingsstand der Person zusammenhängen und dem damit verbundenen Selbstbewusstsein, auch längere und anspruchsvollere Strecken bewältigen zu können. Zum anderen dürfte auch die mentale Vorbereitung („Evoked Set") hier eine Rolle spielen: Wer ein Fahrrad hat und verwendet, für den ist damit auch die stete Erinnerung gegeben, dass man diese Form der Fortbewegung auch im Urlaub pflegen kann.

Des Weiteren kann man auch beobachten, dass bestimmte Nachfrager nicht unbedingt eine Reise mit wechselnden Unterkünften antreten wollen, sondern während des gesamten Urlaubs in einer Unterkunft bleiben wollen. Hier wird oftmals eine Ferienwohnung oder auch eine Hotelunterkunft als Ausgangspunkt gewählt. Und dies gilt auch unabhängig vom sportlichen Ehrgeiz der betreffenden Person: Eine Ferienwohnung, von der aus Streifzüge in die Umgebung mit dem mitgebrachten Alltagsrad erfolgen, oder ein Hotel mit Leihrädern kann in dem einen Fall die richtige Antwort sein, in dem anderen Fall ein Sportlerhotel nahe eines Bikeparks oder einer Region mit ausgewiesenen Trails. Hierfür eignen sich landschaftlich besonders akzentuierte Regionen, wie das Oberallgäu oder Südtirol (siehe auch Steinbauer et al. 2023). Zunehmend an Beliebtheit gewinnen bei diesen Personen auch „Kreuzfahrt"-Angebote, sei es an Bord eines Flusskreuzfahrtschiffes oder auch an Bord eines spezialisierten Reisebusses. Alle in diesem Abschnitt genannten Touristen sind Fahrradtouristen, da ihr Urlaub wesentlich mit Hilfe eines Fahrrads gestaltet wird und Übernachtungen inkludiert. Sie bilden aber nicht die klassischen Fahrradtouristen, die einem auf dem Main-Radweg oder der 100-Schlösser-Tour begegnen, und fallen daher auch in der allgemeinen Wahrnehmung deutlich weniger auf.

Nicht zuletzt erkennt man unterschiedliche Grade an Selbstorganisation: Es gibt Fahrradtouristen, die die gesamte Radreise selbst organisieren. Andere hingegen wollen eine vorab organisierte Fahrradtour mit vorgegebener Routenführung und vorgebuchter Unterkunft auf dem eigenen Fahrrad unternehmen, vielleicht sogar mit Gepäcktransfer, und wenden sich hierfür an einen Reiseanbieter. Das kann ggf. auch ein Sportverein sein, der solche Angebote für Mitglieder und Interessenten gestaltet. Die Mitglieder einer dritten Kundengruppe wünschen „alles aus einer Hand", weil sie z. B. mit dem Flugzeug in ein etwas weiter entferntes Land reisen und vor Ort sowohl ein Leihrad als auch eine vororganisierte Routenführung mit Unterkunft erhalten wollen.

Die vorgenannte Schematisierung kann folglich eine erste Orientierung liefern, ist aber deutlich zu kurz gefasst. Vielmehr gilt es, Typologien zu entwickeln, die sich nach bestimmten Nachfragevoraussetzungen und -mustern ausrichten und die über allgemeine Beschreibungen wie bei Dreyer et al. (2012, S. 36–41), Stolte (2025, S. 275ff.) oder Schmude (2021, S. 43 ff.) hinausgehen. Die Anzahl der Übernachtungen kann dabei nur ein Kriterium sein. Ein weiteres Kriterium bildet der Reisezweck (Erholung, Sightseeing, sportliche Betätigung), ein dritter Aspekt findet sich in der körperlichen Leistungsfähigkeit eines Fahrradtouristen (Alltagsradler mit durchschnittlicher Kondition vs. sportive Radler. Und auch den Anspruch an die Unterkunft oder den Wunsch nach einem Reiseerlebnis in Gesellschaft bzw. ohne Gesellschaft gilt es zu berücksichtigen. Dazu wird folgender Kategorisierungsvorschlag unterbreitet, der verschiedene Segmentationsmöglichkeiten für weitergehende Untersuchungen anbietet:

- Die Dauer des Ausflugs (Tagesausflug, Kurzurlaub über das Wochenende oder über Feier- und Brückentage, längere Ausflüge ab einer Woche Dauer)
- Die Entfernung zum Wohnort (Naherholung, Urlaubsreise mit Start- und Endpunkt am Wohnort, Distanzurlaub mit Transfer zum Ausgangs- und Endpunkt, Urlaub im nahen oder auch ferneren Ausland)
- Die Gestaltung (als Reise über eine gewisse Distanz und mit wechselnden Unterkünften, z. B. entlang einer touristischen Radroute, oder als „Sternfahrt" mit festem Übernachtungsort und täglich wechselnder Routenführung zurück zur Unterkunft)
- Der Anspruch an die Streckenführung (naturnahe Wegeführung für intensive Naturerlebnisse, asphaltierte Radwege abseits der allgemeinen Straßen für ungestörtes Radeln, gesonderte Radwege neben Fernverkehrsstraßen für schnelles Vorankommen etc.) und die benötigten Service-Angebote neben der Strecke (Verpflegung, technischer Fahrradservice, Zugang zum öffentlichen Verkehr, insbesondere Eisenbahn, Parkmöglichkeiten für den Zugang mit Fahrzeugen)
- Körperliche Voraussetzungen (Untrainierte, die mit geringer Geschwindigkeit eher kürzere Distanzen von ca. zehn bis 25 km fahren; Gewöhnungsradfahrer, die mit einer Durchschnittsgeschwindigkeit von ca. 15 bis 18 km/h eine Tagesdistanz von 70bis 100 km anstreben und auch mehrere Tage unterwegs sind; Sportliche, die aufgrund von Kondition und Material Distanzen von 150 bis 200 km am Tag bewältigen, mit einer Durchschnittsgeschwindigkeit zwischen 22 und 30 km/h, oder die eben auch eine Mountain-Bike-Erfahrung mit mehreren verschiedenen Trails am Tag suchen und vor allem den Leistungsaspekt betonen)
- Alter und weitere körperliche Attribute wie Trainingsstand der Touristen (Wunsch nach möglichst direkten Verbindungen, auch mit Steigungen, auf einem Fahrrad ohne Unterstützung vs. Radwegeführung auf abgesonderten Radwegen, mit möglichst geringen Steigungen; siehe auch DLR 2019, S. 14 f.)
- Programm-Anspruch (Personen, die allein eine Fahrradreise unternehmen wollen, oder auch der Wunsch nach Sehenswürdigkeiten aller Art an der Wegstrecke, Wunsch nach einem ursprünglichen Naturerlebnis, vorrangig sportliche Betätigung oder Entspannung etc.)

- Unterkunfts-Anspruch (Übernachtung mit eigenem Zelt auf Campingplatz oder „im Freien“, Übernachtung in einfacheren Hotels, Jugendherbergen oder Pensionen, Übernachtungen in der gehobenen Hotellerie oder in Erlebnis-Locations wie einem Premium-Weingut)
- Geselligkeitsanspruch in Abhängigkeit vom Sozialtyp (Einzelreisende, Lebenspartner, Freundesgruppen, Familien, Reisegruppen mit anderen, gleichgesinnten Personen außerhalb der bisherigen sozialen Gruppe), wobei hier möglicherweise auch ein Gender-Aspekt mitspielt, da tendenziell Alleinreisen eher für männliche Touristen in Frage kommt; ergänzend aber auch die Frage, ob Kinder mitgenommen werden und in welchem Alter diese sind
- Die finanzielle Leistungskraft, mit entsprechenden Nachfrageentscheidungen bezüglich Wahl der Unterkunft, Dauer des Urlaubs und nicht zuletzt dem verwendeten Material – es macht einen Unterschied, ob jemand für verschiedene Anforderungen mehrere verschiedene Fahrräder daheim vorhält (City-Bike für das Alltagsradeln, Tourenrad für Touren, MTB für sportive Anlässe) oder eher auf ein preiswerteres Modell angewiesen ist, das auch nicht unbedingt sportliche Maximalleistungen unterstützt
- Vorbereitungscharakter (vorbereitete Pauschalreise mit Reiseleitung, selbst vorbereitete Reise, ungeplante „Zufallsreise“)

Dieses Schema gilt es zudem weiter zu differenzieren, da die Praxis oftmals Kombinationen aus diesen verschiedenen Merkmalen zeigt (siehe auch ADFC 2024, S. 8 ff.), wobei insbesondere das verwendete Fahrrad ein wichtiges Nachfragemerkmal in Bezug auf das konkret gewählte Angebot (z. B. Gravel-Bike als Grundlage für sportliche, auch landschaftlich herausfordernde Radtouren; solides Touren-/Trekking-Rad als notwendige Ausstattung für mehrtägige Nutzung eines Radfernweges) bildet. Unabhängig von solchen Merkmalen gilt es, das zentrale Nutzungsmotiv bzw. Motivbündel im Fahrradtourismus zu erkennen:

- Ein Naturerlebnis (besondere landschaftliche Charakteristik, auch in der Abfolge verschiedener landschaftlicher Räume), hierfür wird in der Regel ein Trekking- oder Touring-Bike verwendet, zunehmend auch mit Unterstützung durch einen elektrischen Antrieb
- Ein sportliches Erlebnis (v. a. bei Nutzern von Bikeparks, MTB-Trails und bei Gravelbike-Nutzern)
- Ein soziales Erlebnis (Urlaub mit Partner bzw. mit Freunden, Urlaub mit der Familie)
- Ein kulturelles Erlebnis (z. B. Besichtigungsmöglichkeiten von Schlössern, Kirchen, Museen, Denkmälern etc.)

- Ein kulinarisches Erlebnis (z. B. landestypische Speisen und Getränke, etwa durch Weinverkostung auf einem Weingut)
- Ein Unterkunftserlebnis (Wahl einer gehobenen Unterkunft mit Spa usw., einfachere Unterkünfte oder auch mit Zelt auf einem Campingplatz oder in der freien Natur)
- Ein Convenience-Aspekt (selbstorganisierte Reise oder Buchung eines vororganisierten Angebots).

Das Nutzungsmotiv wird durch die persönlichen Voraussetzungen eines Touristen wesentlich mitgeformt. Zu nennen sind hierzu:

- Die körperliche Kondition (sportlich-trainiert vs. „Alltagskondition" oder auch „keine spezielle Kondition")
- Die Ausstattung mit einem bestimmten Fahrrad (z. B. E-Bike/Pedelec, MTB, Trekking-Rad) und dem ergänzenden Zubehör (z. B. Packtaschen, Zelt)
- Das verfügbare Zeitbudget („Zweiturlaub" als Wochenendausflug bis zu einer Woche oder mehr Zeitumfang im Sinne eines „Haupturlaubs")
- Die finanzielle Ausstattung (verfügbares bzw. eingeplantes Budget)
- Weitere Aspekte

Hierzu kann eine Motiv-Entscheidungs-Matrix wie in Tab. 3.1 eine Verständnisgrundlage bieten.

Dieses Schema wird vor allem dann gelten, wenn ein Erlebnisaspekt im Vordergrund steht. In der Praxis dürfte es aber zu einer Kombination aus zwei bis drei verschiedenen Erlebniselementen kommen. Diese formen bestimmte Urlaubstypen. Als Illustration dieser Überlegung dienen fünf Idealtypen:

- Sportliche, die mit einem Gravelbike Naturräume wie den Frankenwald, das Erzgebirge, die Schwäbische Alb oder auch die Eifel durchkreuzen und auf einem Campingplatz oder in einer einfachen Pension übernachten wollen, die ihre Unterkunft nach dem Zufallsprinzip wählen und dafür ein (verlängertes) Wochenende nutzen (siehe auch Steinbauer et al. 2023). Diese Kundengruppe wird eher spontan aufbrechen, je nach Wetterbedingungen und zeitlicher Verfügbarkeit.
- Genussradler, die auf einem E-Bike entlang einer touristischen Strecke wie dem Mosel- oder dem Main-Radweg eine Erlebniswoche mit Sehenswürdigkeiten und Weingut-Übernachtungen suchen und dabei Tagesetappen von ca. 50 bis 70 km anstreben. Hier wird der konkreten Nachfrage ein umfangreicherer Planungsprozess mit entsprechendem Informationsbedarf vorhergehen.

Tab. 3.1 Motiv-Entscheidungs-Matrix

Erkennbarer Nachfragewunsch	Nutzungsmotiv(e)	Wahrscheinliche Nachfrageentscheidung
Naturerlebnis	Intensive Begegnung mit einer bestimmten Landschaft und ihrer Fauna und Flora	Wahl eines naturorientierten Radwegs (z. B. Oder-Neiße-Radweg)
Sportliches Erlebnis	Auspowern und Erleben eigener körperlicher Stärke und Agilität	Buchung eines Bikeparks, alternativ Gravelbike-Tour oder Befahren eines längeren Fernradwegs
Kulturelles Erlebnis	Wunsch, Museen und Baudenkmäler aller Art zu besichtigen (Kirchen, Schlösser, Altstädte …)	Wahl eines mittellangen Fernradwegs mit zahlreichen Angeboten (z. B. Weserradweg)
Kulinarisches Erlebnis	Kennenlernen regionaltypischer Küche	Wahl eines Radwegs in einer kulinarisch attraktiven Region (z. B. Nordseeküste mit Fischangeboten), alternativ Ferienwohnung in einer attraktiven Region mit Tagesfahrten zu verschiedenen Gastronomie- und Einkaufsmöglichkeiten
Unterkunftserlebnis	Wunsch nach herausragender Hotellerie (z. B. mit Schwimmbad und Massage) oder aber „naturnahe Übernachtung“	Wahl eines qualitativ höherwertigen Hotels (4 Sterne) oder auch „Naturunterkunft“ auf einem Campingplatz oder mit Übernachtung im Freien
Convenience-Erlebnis	Möglichst einfache Planung und Durchführung	Buchung bei einem spezialisierten Reiseveranstalter, ggf. als Kombi-Angebot; Flusskreuzfahrt mit Leihrädern

- Der Typ „einsamer Wolf“, zumeist männliche Individualreisende, die ein bis zwei Wochen lang bestimmte Strecken durchfahren und dazu genau definierte Routen mit vorgebuchten Unterkünften planen. Dabei steht der Leistungsaspekt (in einer Woche 500 bis 600 km bzw. einen bestimmten Radweg absolvieren) im Vordergrund, Sehenswürdigkeiten werden nur nach zeitlicher Eignung genutzt. Die Übernachtung wird meistens in Jugendherbergen oder einfacheren Hotels gebucht, die Entscheidung erfolgt auch hier mit einem gewissen zeitlichen Vorlauf und auf Basis des bereits genannten intensiven Planungs- und Informationsprozesses.

- Pauschaltouristen, die z. B. auf einem Schiff einen bestimmten Fluss entlangfahren (z. B. auf Mosel und Saar), und dabei tagsüber einfachere Tagesetappen von ca. 40 bis 60 km auf leihweise bereitgestellten Fahrrädern entlang des Flusses radeln oder die mit einem Reiseveranstalter mehrtägige Radtouren bewältigen. Die Entscheidung für eine solche reise basiert ebenfalls auf einem umfangreichen Auswahlprozess, da hier die Leistungselemente des Anbieters genau geprüft werden in Verbindung mit der Frage, ob die durchfahrene Region ein ausreichendes Kulturerlebnis (i. S. v. Sightseeing) bieten kann.
- „Mixed-Acitivites-Touristen“, die aus ihrer Unterkunft bzw. von ihrem Campingplatz aus unterschiedlichen körperlichen Aktivitäten nachgehen, zu denen auch mehrstündige Fahrradausflüge zählen können, die abends aber stets an die zentral gewählte Unterkunft zurückkehren. Diese Form des Fahrradtourismus wird eher beiläufig ausgeübt, da sie nur einen Baustein von mehreren in der Urlaubsplanung darstellt.

Mit etwas Erfahrungswissen und Beobachtungen kann man hier sicher manche Nachfragebedürfnisse genauer definieren. Das Angebot einer abgesicherten Abstellmöglichkeit für Fahrräder, inklusive einer Lademöglichkeit für E-Bike-Akkus, ist selbsterklärend, ebenso wie eine zuverlässig ausgeschilderte Routenführung (gerade im ländlichen Bereich ist eine flächendeckende Mobilfunkabdeckung und die damit verbundene Navigation nicht abgesichert) oder eine akzeptable Gastronomie entlang der touristischen Routen. Allerdings fehlt bisher eine korrespondierende Marktforschung, die konkretere Typologien erlaubt, mit ihren spezifischen Bedürfnissen und der Konsumbereitschaft. Hier gilt es, durch eine ausführlichere Modellbildung zu den verschiedenen Kundengruppen anzusetzen. Zudem reichen die vorgenannten Nachfragemodalitäten allein nicht aus, da es mit der wahrgenommenen Vulnerabilität einen weiteren Kernpunkt zu berücksichtigen gilt, der ebenfalls zu erläutern ist.

3.2 Nachfragekriterien im Fahrradtourismus

Zum besseren Verständnis der Nachfrageentscheidung eines Fahrradtouristen bietet es sich an, die Nutzungsmotive und die Voraussetzungen bei den Touristen zu betrachten. Die relevanten Aspekte wurden bereits in Abschn. 3.1 skizziert und sollen hier vertieft werden.

Zu beachten ist dabei, dass der Fahrradtourist eine Customer Journey durchläuft, bei der er die Fähigkeit der einzelnen Beteiligten prüft, seinen Erwartungen gerecht zu werden, was in Abschn. 3.3 noch aufgegriffen wird. So viel vorab: Als Customer Journey wird ein Prozess bezeichnet, bei dem eine Vorkaufphase der

Informationseinholung und Meinungsbildung dient, eine Kaufphase den konkreten Akt der Nachfrage umfasst und eine After-Sales-Phase besteht, in der ein Kunde die Nachfrageentscheidung abschließend evaluiert und dabei eine Gesamtzufriedenheit mit der gebotenen Leistung entwickelt, möglicherweise verbunden mit der Bereitschaft, eine derartige Leistung auch in Zukunft zu erwerben, im sozialen Umfeld für das Angebot und den Anbieter positiv Stellung zu nehmen oder auch Unzufriedenheit zu artikulieren (siehe beispielhaft Koch 2024, S. 11 ff.).

3.2.1 Inhaltlicher Anspruch

Bei der Entscheidung für eine Fahrradreise steht oftmals eine bestimmte Route oder Region in Verbindung mit einem verfügbaren Zeit- und Geldbudget im Vordergrund. Aufgrund der hohen Bedeutung des Wetters für die Durchführung der Reise werden zumindest in Mitteleuropa tendenziell die Monate April bis September in Frage kommen, in denen man mit relativ erträglichen Wetterbedingungen rechnen kann. In anderen Ländern können hier andere Zeiträume gelten.

Zudem ist die Frage interessant, ob es sich um eine „Hauptreise" handelt (d. h., die Fahrradreise ist der zentrale Urlaub im Jahr mit zumeist zwei bis drei oder auch vier Wochen Umfang) oder ob es sich um eine „Nebenreise" handelt, die als Abwechslung im Alltag dient und meist nur wenige Tage bis zu einer Woche umfasst, gerne unter Einsatz von Überstundenausgleich und von Feiertagen wie Christi Himmelfahrt und Fronleichnam.

Bei einer Hauptreise besteht eine sehr hohe Erwartungshaltung. Es soll umfassende Erholung zum Ausgleich ermöglicht werden. Es besteht eine hohe Bereitschaft, sich inhaltlich mit der Destination und dem Zweck der Reise auseinanderzusetzen, und auch das Budget bewegt sich zumeist in einem soliden vierstelligen Euro-Bereich pro Person. Die Anreise wie auch die Abreise kann durchaus jeweils einen Tag umfassen. Aufgrund der weiträumigen Urlaubsplanung, insbesondere bei Berufstätigen, besteht nach der Festlegung kaum noch zeitliche Flexibilität, um z. B. mit ungünstigen Wetterlagen umzugehen. Hier wird eine gewisse Verlässlichkeit der Rahmenbedingungen einen wesentlichen Aspekt bilden.

Bei einer Nebenreise liegt das Hauptaugenmerk auf einer Art Abwechslung, bei der man ein paar Tage etwas anderes machen möchte und z. B. eine bestimmte Stadt oder Region etwas intensiver erleben möchte. Als Budget wird meistens eine dreistellige, vielleicht auch untere vierstellige Eurosumme eingeplant, und der Anreiseweg wird regelmäßig auf wenige Stunden beschränkt. Zwar wird auch hierbei das Wetter relevant sein, aber ein Wechsel der Urlaubsgestaltung (z. B. bei Dauerregen als Alternative einige Tage im Wellness-Hotel) ist in der Regel leichter möglich.

Inhaltlich kommen für bestimmte Personen insbesondere Radfernwege in Frage, bei denen eine bestimmte Distanz zurückgelegt wird, die durch möglichst abwechslungsreiche Landschaften führt und bestimmte Kulturerlebnisse (Besichtigungen aller Art etc.) erlauben. Andere Personengruppen, die den sportlichen Charakter betonen, werden entweder einen Standort mit entsprechender Ausstattung, z. B. mit einem vielfältigen Bikepark, wählen oder eine landschaftlich herausfordernde Region (z. B. Allgäu, Rothaargebirge, Harz), die in guter Reichweite verschiedene Trails und naturnahe Radwege anbietet.

Entsprechend den Vorgaben „Zweck der Reise" und „verfügbares Budget" können bestimmte Destinationen besonders in Frage kommen oder ausgeschlossen werden. Wer z. B. den Nordseeküstenradweg von Hoek van Holland bis Skagen bewältigen will, wird hierfür drei bis vier Wochen Zeit einplanen. Wer nur einige Tage (z. B. ein verlängertes Wochenende) zur Verfügung hat, wird hingegen Teilstrecken eines Fernradwegs oder kürzere Radwege (z. B. Altmühl- oder Bodensee-Radweg) wählen. Entsprechend wird die Tourismuswerbung auch ihre Akzente setzen müssen.

3.2.2 Finanzielle Voraussetzungen

Das verfügbare Budget bestimmt in vielfältiger Weise über die Auswahl von Tourismusangeboten mit. Beim Fahrradtourismus betrifft dies:

- Die Möglichkeit, sich ein urlaubsfähiges Fahrrad zu kaufen, höherwertige Tourenräder fangen im Preisbereich ab ca. 1000 € an, Mountainbikes (MTBs) und Gravelbikes für entsprechende Sporturlaube sind ab ca. 1500 € zu haben, und tourenfähige E-Bikes kosten in der Regel ab ca. 3000 € aufwärts
- Die Bereitschaft, einen bestimmten Typus an Übernachtungsmöglichkeit zu buchen – höherwertige Unterkünfte erfordern einen anderen Geldbetrag als die Übernachtung in der freien Natur, in einer Jugendherberge oder auf einem Zeltplatz
- Die Möglichkeit, unterwegs Verpflegung zu kaufen (der Einkauf bei einem Lebensmittelhändler oder einer Bäckerei ist wesentlich günstiger als der Besuch von gastronomischen Angeboten, der das Tagesbudget regelmäßig mit mehr als 20 € belastet
- Den tragbaren Aufwand für den Transport zu einer bestimmten Destination
- Die Möglichkeit, während des Urlaubs eintrittspflichtige Angebote zu besuchen (z. B. ein Museum, auch hier muss man inzwischen mit Beträgen von 10 € und mehr rechnen)

Folglich dürften erlebnisorientierte Angebote eher der Zielgruppe von mittel- bis gutverdienenden Personen vorbehalten sein (zumeist in der Altersstufe 40 Jahre aufwärts), und preiswertere Angebote dürften vor allem von jüngeren Personen ohne größeres Einkommen wahrgenommen werden. Allerdings gibt es auch hier keine Regel ohne Ausnahme: Gerade bei bestimmten Personenkreisen mit höherem Einkommen ist eine „einfache Lebensweise" Bestandteil des Urlaubskonzepts – wer sich in der Berufstätigkeit problemlos eine 4-Sterne-Unterkunft gönnt, wird sich in der Freizeit vielleicht an einer Übernachtung in einem kleinen Zelt am Flussufer erfreuen, verbunden mit einfacher Ernährung aus Konserven.

3.2.3 Körperliche Voraussetzungen

Selbsterklärend ist das Faktum, dass die körperliche Verfassung Einfluss auf die Wahl der Form des Fahrradtourismus hat.

Sportler werden sowohl an einem Bikepark Freude finden als auch daran, mittels eines Gravelbikes landschaftlich herausfordernde Strecken über längere Distanzen zu meistern bzw. mit einem Rennrad längere Strecken anzugehen (siehe auch Steinbauer et al. 2023, S. 5 ff.). Hier kann man vom Potenzial ausgehen, 150 bis 250 km am Tag zu meistern mit einer relativ hohen Durchschnittsgeschwindigkeit von ca. 22 bis 30 km pro Stunde. Entsprechend ihrer bevorzugten Übernachtungsvariante werden sie oft nur Sportbekleidung und ein leichtes Zelt dabeihaben, mit einem Gesamtgewicht von zumeist acht bis 13 kg, und z. B. auf Campingplätzen oder auch in der Natur übernachten. Allerdings sind sie bereit, in ihre Ausstattung höhere Summen zu investieren.

Alltagsradler sind durch das häufige Nutzen eines Zweirads in einer gewissen Grundverfassung, die ihnen Distanzen von ca. 80 bis 120 km pro Tag erlaubt bei einer Geschwindigkeit von ca. 15 bis 20 km pro Stunde. Sie sind folglich in der Lage, innerhalb von fünf bis sieben Tagen auch längere Fahrradrouten abzufahren, wie z. B. den Weserradweg. Sie werden in der Regel ihr Gepäck selbst transportieren. Sie verfügen oft über höherwertige Fahrräder, wahlweise mit oder ohne Elektromotor. Entsprechend wichtig sind hier gesicherte Fahrradabstellplätze, da der Verlust des Fahrzeugs sowohl einen höheren wirtschaftlichen Schaden nach sich zieht als auch den Urlaub vorzeitig beendet, abgesehen vom emotionalen Verlust. Diese Urlauber übernachten zumeist in festen Quartieren (Pensionen, Jugendherbergen, bis hin zu 4-Sterne-Hotels), um sich für die körperliche Anstrengung zu belohnen und „angemessen auszuruhen". Ein entsprechendes Abendessenangebot im Haus selbst oder zumindest in Reichweite wird dieser Anforderung besonders gut gerecht.

Gelegenheitsradler, oft im Besitz eines E-Bikes, werden tendenziell eher kürzere Strecken bevorzugen bzw. Strecken auf gut ausgebauten Wegen mit wenig Steigung. Für sie sind insbesondere Flussradwege oder Themenradwege im flachen Norddeutschland ideal. Ihr Bedürfnis sind Tagesetappen von ca. 40bis 60 km, mit einer Durchschnittsgeschwindigkeit im Bereich von zehn bis 15 km pro Stunde. Sie können sowohl als „Sternradler" (festes Quartier als Ausgangspunkt für die gesamte Urlaubszeit, und davon ausgehend verschiedene Ausflüge) als auch als „Streckenradler" (übersichtliche Radfernwege, wie z. B. den Altmühl-Radweg mit ca. 250 km Länge, oder Ausschnitte aus längeren Radwanderwegen) vorkommen.

3.2.4 Technische Ausstattung und verfügbares Zubehör

Die Nutzung bestimmter Touristikangebote ist im Fahrradsegment von der nutzbaren Technik zentral abhängig. Die Begründung ist relativ simpel. Längere Strecken erfordern ein langstreckentaugliches Fahrrad, das Gepäck von ca. zehn bis 20 kg Umfang tragen kann und anhand der Getriebeabstufung und der Bereifung auch eine Anpassung an verschiedene Straßen- und Geländeformen erlaubt. Ein Citybike wird hier den Urlaubseffekt vermutlich nicht in geeigneter Form unterstützen.

Wer ein Angebot in einem Bikepark nutzen will, benötigt entsprechende MTBs, und längere Strecken über Waldwege können am besten mit einem so genannten Gravelbike oder tourentauglichen MTB genutzt werden. Dabei erkennt man eine zunehmende Anzahl an Nutzern eines E-Bikes (siehe Steinbauer et al. 2023, S. 3 ff.). Einige Fahrradtouristen verfügen je nach Einsatzzweck (Stadt, Touristik oder Sportaktivität) über verschiedene Fahrräder. Hotels, die sich auf diese Zielgruppe einstellen (Beispiel „Explorer-Hotels" in Österreich und Bayern) bieten neben gesicherten Fahrradboxen auch einen Arbeitstisch für eigene Wartungs- und Reparaturarbeiten an.

Nicht zuletzt können auch Mietfahrräder eine sinnvolle Alternative sein, wenn sie vor Ort bereitgestellt werden. Dies erleichtert insbesondere die Zugangs- und Abgangsreise erheblich. Gegebenenfalls können damit auch Fahrradreisen in ferneren Ländern angetreten werden, die bevorzugt an Bord eines Flugzeugs angesteuert werden.

Normalerweise spiegelt die Ausstattung mit bestimmten Fahrradtypen und Zubehör auch die Interessen eines Fahrradtouristen wider. Wer mehrtägige Reisen unternehmen will, hat sich beizeiten entsprechende Packtaschen und Regenschutzkleidung zugelegt. Wer in einem Bikepark sportlich aktiv werden will, besitzt normalerweise neben geeigneten Zweirädern auch eine Mindestausstattung an Schutzbekleidung (Helme, Handschuhe, Protektoren etc.), sodass es relativ einfach ist, über die Frage nach der Ausstattung auch die Interessen zu definieren.

3.2.5 Logistik: Hin- und Rückreise

In vielen Fällen beginnt eine Fahrradreise nicht am Wohnort des Touristen, sondern in einiger Entfernung (bzw. wird in Entfernung vom Wohnort beendet). In diesen Fällen wird eine Transportleistung benötigt, die die Person mit Fahrrad und Gepäck zum Nachfrageort bringt. Hierzu werden in erster Linie das eigene Fahrzeug oder auch der Eisenbahntransport genutzt. In bestimmten Fällen entfällt die Mitnahme des Fahrrads, wenn vor Ort ein Leihrad gebucht wurde, die Unterkunft Leihräder inkludiert oder die Pauschalreise ein Leihfahrrad beinhaltet.

Die Mitnahme im eigenen Fahrzeug wird insbesondere dann erfolgen, wenn die Fahrradnutzung von der Urlaubsunterkunft aus erfolgt, gleichwohl, ob man sich in einem Bikepark bewegt oder eher Ausflüge in die Umgebung der Unterkunft sucht. Maßgeblich hierfür ist der Bequemlichkeitsaspekt: Man hat alles dabei, inklusive des vertrauten und idealen Zweirads. Für die Personen, die im Rahmen einer mehrtägigen Reise eine bestimmte Distanz überwinden wollen, kommt diese Variante tendenziell weniger in Frage. Hier wäre es der Bequemlichkeit abträglich, zunächst mit öffentlichen Verkehrsmitteln zum Ausgangspunkt zurückzukehren.

Der Transport mit der Eisenbahn ist dann die bevorzugte Wahl, wenn der Tourist entweder kein eigenes Fahrzeug hat oder aber die Bereisung einer längeren Distanz plant, sodass das Erreichen des Autos am Ausgangspunkt mit einem hohen Aufwand verbunden wäre.

Ein Nebenaspekt können Transportmöglichkeiten auf der Strecke sein, die das Erlebnis erleichtern und verbessern. In erster Linie sind dies:

- Fähren zum Überqueren von Flüssen und Seen (z. B. die Solarfähre Kamp-Karnin oder die Verbindung zwischen Wilhelmshaven und Eckwarderhörne bzw. die Bodenseefähren zwischen Meersburg und Konstanz, die diversen Flussfähren an Main, Weser, Rhein, Neckar, Havel, Elbe etc.)
- Regionalbuslinien mit Fahrradanhängern in der Hauptsaison (z. B. Mainschleifen-Express zwischen Würzburg und Volkach)
- Bedarfs-Shuttle-Service („Fahrrad-Taxi"), insbesondere wenn der Fahrradtourist aufgrund seiner Kondition oder einer Panne oder auch einer Zugverspätung nicht mehr in der Lage ist, sein Quartier zu erreichen
- Eisenbahnlinien mit Fahrradmitnahme, wobei hierzu inzwischen erkennbar wird, dass auf beliebten Linien die angebotenen Kapazitäten oft nicht mit der Nachfrage mithalten können (z. B. Marschbahn zwischen Heide und Sylt) und entsprechend die Mitnahme verweigert wird

Gerade die Sicherheit und Verlässlichkeit einer Transportmöglichkeit wird ein wichtiges Kriterium sein, die unternommene Reise als erfolgreich zu beurteilen. Wer z. B. aufgrund einer Betriebsstörung im Eisenbahnverkehr (nota bene, es kann immer mal wieder vorkommen, dass Starkregenereignisse – siehe Tagesschau 2024a – oder auch Sabotageakte – vgl. Sambale 2025 – überregionale Auswirkungen haben, die kaum vom Eisenbahnunternehmen selbst zu vertreten sind) am letzten Urlaubstag vor die Wahl gestellt wird, auf Ersatzverkehr auszuweichen unter Zurücklassen des Fahrrads oder aber den ersten Arbeitstag nach dem Urlaub zu verpassen, wird den gesamten Urlaub kritisch betrachten und sich vor allem auf den gewählten Verkehrsträger nicht mehr unbedingt verlassen wollen.

3.2.6 Die Angebotsstruktur in der Kundenwahrnehmung

Das Angebot einer touristischen Destination ist in der Regel eine Kombination aus einem Kernangebot und einem Zusatzangebot. Kernangebote sind eine conditio sine qua non, also der Angebotsteil, der aus Kundensicht absolut zentral und unverzichtbar ist. Als Kernangebot gilt insbesondere:

- Eine touristisch ausgelegte Radstrecke (z. B. ein Fahrradweg wie der Mosel-Radweg, der Taubertalradweg oder der Nordsee-Radweg), mit durchdachter Routenführung (einfach nutzbare Strecke, zumeist auf Radwegen oder zumindest wenig genutzten Nebenstraßen; touristische Erlebnismomente mit Sehenswürdigkeiten und besonders attraktiven Landschaftsbildern) und geeigneter Ausschilderung; hierzu gibt es u. a. auch Qualitätskriterien einschlägiger Verbände (vgl. ADFC 2017), die als Orientierung dienen können
- Für sportliche Nutzer auch ein angelegter Bikepark (z. B. Bikepark Leogang, Bikepark Bad Wildbad), möglichst mit verschieden gestalteten Strecken und Shuttle-Service bzw. Aufstiegshilfen oder zumindest ein Landschaftsgebiet mit Trails zur Fahrradnutzung
- Ein ausreichendes Angebot an Unterkünften, wobei ein Teil der Fahrradtouristen die Unterkunft im Voraus bucht, ein anderer Teil entsprechend des Routenverlaufs am Nachmittag oder Abend um Quartier bittet

Aus Sicht eines Reiseveranstalters, der vororganisierte Fahrradreisen vermarktet, wird das Kernangebot mittels des Convenience-Elements komplexer in der Gestaltung, in der Nachfrage aber einfacher, weil es mit weniger Organisationsaufwand und Risiko verbunden ist. Das Convenience-Angebot kann u. a. Gepäcktransporte zwischen den Unterkünften, definierte Routenvorschläge und die Vorbuchung von Unterkünften umfassen, aber auch die Möglichkeit, ein Mietrad zu benutzen oder das Fahrradangebot mit einem weiteren Element zu verbinden (sog. „Kombireisen“ mit Rad und Schiff: die Unterkunft erfolgt auf einem Kreuzfahrtschiff, die Passagiere können tagsüber die Strecke per Fahrrad erkunden).

Zusatzangebote können für bestimmte Nutzergruppen interessant sein, wenn ihnen damit die Nachfrageentscheidung erleichtert wird. Dabei handelt es sich z. B. um:

- Gastronomische Angebote für die Verpflegung im Tagesablauf (Bäckereien mit Kaffeeausschank, Biergärten, Restaurants etc.)
- Mietfahrräder am Ausgangspunkt
- Fahrradtransportservices (individueller Shuttle-Service oder ggf. Fahrradanhänger an regionalen Buslinien), Fähren zur Überquerung von Gewässern mit ausreichenden Verkehrszeiten (zumeist 9 bis 18 Uhr, kürzere Betriebszeiten können durchaus zu Problemen in der Radreise führen), wobei die Betriebszeiten und aktuelle Änderungen für die tagesaktuelle Routenplanung auch online einsehbar sein sollten und nicht allein durch Aushang am Fährpunkt
- Tourenberatung durch Fremdenverkehrsorganisationen
- Informationsangebote zu Sehenswürdigkeiten entlang der Strecke
- Externe Informationsangebote (gedruckte und digitale Reiseberichte, daneben Informationsmaterial von Fachverlagen für Radreiseliteratur, Online-Plattformen wie Komoot), die potenzielle Destinationen vorstellen und die Nutzung begleiten
- Für Menschen mit Einschränkungen auch Begleitservices (Beispiel blinde bzw. sehbehinderte Fahrradfahrer, die einen Mitfahrer auf einem Tandem o. Ä. benötigen, siehe DBSV o. J.; ergänzend Klaus 2024)
- Reparatur- und Wartungsmöglichkeiten entlang der Strecke, zumindest aber Werkzeugständer mit Luftpumpen sowie Lademöglichkeiten für E-Bikes; viele Fahrradhändler offerieren für den Bedarfsfall inzwischen auch Automaten für Ersatzschläuche

In dieser Aufstellung fehlen die bereits in Abschn. 1.2 und Kap. 2 genannten Ausstatter. Dies hat den Grund, dass eine ausreichende Grundausstattung beim Fahrradtouristen bereits vor der konkreten Nutzung eines Angebots bereitsteht bzw. vor Antritt der Fahrt beschafft wird.

3.2.7 Informationsverhalten des Nachfragers

Je nach Zielgruppe erkennt man unterschiedliche Informationsstrategien. Diese unterscheiden sich anhand der folgenden Kriterien:

- Umfang:
  - Geringer Zeitaufwand: Nachfrager vertraut im Wesentlichen auf seine Kenntnisse und Kompetenzen und beschafft nur einzelne Informationselemente, z. B. zu den Fahrplänen ausgewählter Transportmittel
  - Mittlerer Zeitaufwand: Einzelne Unterlagen werden vorab beschafft, um die Route zu planen und Informationen zu Sehenswürdigkeiten sowie Transportmöglichkeiten zu erhalten, z. B. durch eine kürzere Online-Recherche sowie die Beschaffung eines Radreiseführers
  - Intensives Informationsverhalten: Reise wird anhand von Kartenmaterial, Reiseführern und Broschüren von Tourismusverbänden oder Reiseanbietern mehrere Monate im Voraus geplant
- Verwendete Medien: Gedrucktes Material wie Karten und Reiseführer, Online-Medien wie Informationsportale etc. sowie Navigationsanwendungen, Medienberichterstattung in Print- und Rundfunkmedien
- Beteiligung von „Beeinflussern", d. h. Personen, die eine hohe Sachkenntnis zur geplanten Destination haben und diese schon selbst bereist haben, oder zumindest an der Reise teilnehmen sollen und ihre Vorstellungen mit einbringen

Anhand der Kenntnis der Informationsstrategien können Anbieter von Fahrradtourismus geeignete Medien selbst anbieten oder an der Erstellung relevanter Medien mitwirken und damit ihr Angebot darstellen. Wichtig erscheinen in diesem Zusammenhang

- Hinweise zur Fahrradfreundlichkeit der Unterkunft (Abstellmöglichkeiten, ggf. Shuttle-Service, Reparaturausstattung) und
- Einbettung in die entsprechenden Navigations-Apps, um das Auffinden zu erleichtern.

3.2.8 Ergänzende Dienstleistungen

Unter dem Stichwort „ergänzende Dienstleistungen" kann man alle Angebote zusammenfassen, die für Fahrradtouristen einen zusätzlichen Nutzwert im Bedarfsfall bieten. Dies können sein:

- Reparaturwerkstätten im Fall einer Panne
- Lebensmittelhandel für die Versorgung mit Proviant
- Bewachte Fahrradunterstellmöglichkeiten oder Gepäckaufbewahrung, um eine Sehenswürdigkeit ausführlicher besichtigen zu können
- Toiletten am Wegesrand, da die intensive Bewegung durchaus den Stoffwechsel fördert, gerne auch mal zur Unzeit (besonders vorbildlich z. B. am Ostseeküstenradweg auf Usedom gelöst)

Diese Zusatzangebote entscheiden nicht grundsätzlich über die Nachfrage und die Nachfragezufriedenheit, können aber als hilfreich empfunden werden und insbesondere das empfehlende Gespräch gegenüber Dritten („Word of Mouth"-Werbung) beeinflussen.

3.2.9 Vulnerabilität

Die zentrale Besonderheit des Fahrradtourismus lässt sich durch die hohe Vulnerabilität des Touristen selbst kennzeichnen. Wenn das besondere Nutzenmerkmal des Fahrradtourismus der unmittelbare Kontakt mit der Natur ist, wird der Fahrradfahrer damit auch mehr oder weniger ungeschützt den Unbilden der Natur ausgesetzt sein. Kälte bzw. Sommerhitze, sowie (Gegen-)Wind oder Niederschlag wirken sich unmittelbar aus und können nur bedingt durch Schutzkleidung aufgefangen werden. Dies hat zur Folge, dass die Nachfrageentscheidung wesentlich von berechenbaren, tolerablen Wetterbedingungen bestimmt wird: Es darf weder zu warm noch zu kalt sein, und bei übermäßigem Wind bzw. Niederschlag wird eine Radreise entweder unterbrochen oder gar vorzeitig abgebrochen. Damit wird ein Fahrradtourist vor allem jene Zeiträume nutzen, in denen die Umgebungstemperaturen und die Wetterverhältnisse eine erträgliche Reise versprechen. Vermutlich wird man die in Abschn. 3.1 skizzierte Typologie dahingehend ergänzen können, dass man anhand der Bedürfnisse bei einer relativ spontanen Nachfrage vs. denen bei einer geplanten Nachfrage (siehe Han et al. 2017, S. 292 f.) mit allen Konsequenzen (z. B. Fortführung bei länger anhaltendem Regen) und den damit einhergehenden Unterstützungsmöglichkeiten geeignete Angebotsstrukturen durchdenkt.

Der Aspekt Vulnerabilität gilt analog für einen potenziellen Unfall (siehe auch Ciascai et al. 2022, S. 12 f.; ergänzend DGOU 2018; Tagesschau 2024b). Zwar mögen Schutzhelm, Handschuhe und andere Protektoren das subjektive Sicherheitsgefühl erhöhen und Unfallfolgen abmildern. Dennoch wird der Fahrradtourist sowohl bei einem Zusammenstoß mit einem anderen Verkehrsteilnehmer (insbesondere mit motorisierten Teilnehmern) oder auch bei Alleinunfällen immer ein höheres Schadensrisiko tragen im Vergleich zu einer Person in einem Auto. Allerdings schränkt die Schutzbekleidung für viele Fahrradtouristen auch das Natur- und Erholungserlebnis ein, abgesehen vom zusätzlichen Gewicht der Schutzausstattung. Auch hier wird man sich zumeist auf ein Mindestmaß beschränken wollen und z. B. sichere und gut ausgebaute Wege mit niedrigem Gefährdungspotenzial bevorzugen, die nach Möglichkeit vom motorisierten Straßenverkehr abgetrennt sind.

Zudem wird ein Fahrradtourist normalerweise nur wenig Gepäck mit sich führen können. Durch die Fahrphysik eines beladenen Fahrrads und die konstruktiven Merkmale eines Fahrrads werden sich Radler in der Regel auf ca. zehn bis 15 kg Gepäck beschränken wollen. Beladene Fahrräder bewirken zudem eine geringere Durchschnittsgeschwindigkeit, kombiniert mit einer verringerten Beweglichkeit, was v. a. in Gefahrensituationen (erschwertes Bremsen und Ausweichen) relevant wird. Allerdings kann dieser Aspekt zumindest für einen Teil der Fahrradfahrenden durch Convenience-Angebote aufgefangen werden, wie z. B. Gepäcktransportservices oder Kombinationsangebote (Flusskreuzfahrten mit der Möglichkeit, parallel Flussradwege mit einem Fahrrad zu erkunden, oder Busreisen mit kombinierter Fahrrad- und Gepäckmitnahme). Und mit diesem Beispiel ist ein entscheidender Hinweis auf die Besonderheiten des Forschungsfeldes Fahrradtourismus gegeben: Es geht um die Frage, welche Angebote ein Fahrradtourist benötigt, um eine positive Entscheidung für die Nachfrage zu treffen

3.3 Die Customer Journey des Fahrradtouristen

Als Customer Journey wird der Prozess der Nachfrageentscheidung und -evaluation definiert, bei der sich ein Konsument für bestimmte Angebote und Anbieter interessiert, die relevanten Angebote näher prüft und während und nach der Nachfrageentscheidung evaluiert (siehe auch Koch 2024, S. 12 ff.). Im Endergebnis kann der Prüfprozess dazu führen, dass

- ein potenzieller Kunde sich für ein Angebot interessiert, weil es seinen Interessen entspricht oder zumindest durch attraktive Gestaltung sein Interesse weckt, und
- ein Kunde bereit ist, die entsprechende Nachfrageentscheidung zu treffen.

Hier gilt es, mit geeigneten Kommunikationsmitteln an den Kunden heranzutreten. Dies können sowohl Werbe- und PR-Medien aller Art sein wie auch allgemeine Informationsmaterialien und Medienberichte, in denen die Destination mit ihren Möglichkeiten dargestellt wird und auf die erkannten Interessen des Nachfragers eingeht.

Während der Nachfrageentscheidung gilt es, eine optimale Menge an Einzelentscheidungen auszulösen, z. B.

- (Zusätzlicher) gastronomischer Verzehr
- Einkauf von Artikeln wie Bekleidung und Souvenirs oder Eintritt zu Sehenswürdigkeiten, gerne mit Bezug auf die zurückgelegte Strecke
- Analog Einkauf zusätzlicher Angebote im Übernachtungsquartier, z. B. ein Abendessen und zusätzliche Getränke

Gefragt ist bei der Customer Journey eine gut durchdachte Mischung von Kommunikationsmedien, persönlichem Kundenkontakt und situationsgerechter Angebotsgestaltung. Wer z. B. den Besuch einer Fahrradkirche bewirken will, sollte am Radweg kommunizieren, dass es in der Nähe eine Fahrradkirche gibt, am besten auch durch eine Vorankündigung. Ca. 1 km vor der Kirche sollten Geländer zum Anschließen des Fahrrads vorhanden sein. Und weil „Innehalten" aus Nachfragesicht den zentralen Wunsch für den Stopp bildet, können z. B. eine kleine Beschreibung des Innenraums, via Quick-Response-Fenster (QRF) abrufbar, oder ein Kerzenständer auf gute Nachfrage treffen. Auch wenn dieses Beispiel im Hinblick auf die nachlassende Kirchenbindung in Deutschland auf den ersten Blick nur ein Randthema sein mag: Für aufmerksame Beobachter wird deutlich, dass es durchaus den Wunsch gibt, sich auf der Reise einmal mit sich selbst zu beschäftigen. Und dazu werden auch Angebote wahrgenommen, die man im Alltag nicht unbedingt aufsuchen würde (siehe Antz et al. 2018, S. 13 ff.). Dies gilt umso mehr für andere kulturelle Angebote, wie z. B. Museen, Schlösser etc.

Analog wird die Evaluierung durch die Radlerinnen und Radler dazu führen, dass sie

- das gleiche Angebot wieder nachfragen (z. B. bei einem Radreiseanbieter wieder eine geführte Radreise buchen oder bei einer Hotelkette wieder Übernachtungen bestellen),
- eine Nachfrageentscheidung in Teilen überdenken (z. B. anderer Zeitraum im Jahresablauf, Wahl eines anderen Transportmittels, z. B. eigener Pkw statt Bahntransport, statt einer Pauschalreise eine Radreise selbst organisiert oder auch statt einer Radreise allein eine Radreise in einer Gruppe plant),
- vielleicht auch von entsprechenden Angeboten in Zukunft absehen (nie wieder eine Radreise, weil das Wetter über mehrere Tage unbefriedigend war, und eine Flugreise in den sonnigen Süden einen höheren Erholungswert verspricht) oder
- über ihre Erfahrungen mit ihrem Umfeld sprechen und dabei auch auf die Nachfrageentscheidungen ihres Umfelds Einfluss nehmen können.

Folglich ist es für die Anbieter im Segment des Fahrradtourismus hilfreich, den Buying Cycle ihrer (potenziellen) Nachfrager ausführlicher zu analysieren und darauf aufbauend ihre Angebote zu entwerfen. Hierzu wird in Abschn. 3.4 eine Arbeitshilfe skizziert.

3.4 Nachfrage und Angebot in Übereinstimmung bieten

Anbieter touristischer Leistungen können mit einem einfachen Analyseschema ihr Angebot hinsichtlich der Eignung prüfen, die Bedürfnisse bestimmter Nachfrager zu erfüllen. Es geht dabei in Anlehnung an den Marketing-Mix darum, Produktmerkmale aller Art zu definieren, die zu den Erwartungen der Zielgruppen passen. Im Bereich des Fahrradtourismus können Leistungserwartungen entsprechend den vorhergehenden Überlegungen insbesondere folgende Elemente betreffen:

- Allgemeine Erwartungen an die Leistung (Erholung, sportliche Betätigung, landschaftliches bzw. Naturerlebnis, Kulturerlebnis)
- Zentrales Motiv der Nutzung
- Zeitaufwand/Zeitrahmen für die Nutzung
- Wesentliche erforderliche Produktmerkmale
- Nebenaspekte
- Preisbereitschaft des Nachfragers
- Technische Ausrüstung des Nachfragers
- Transport zum Nutzungsort und zurück
- Verpflegung
- Übernachtung
- Notwendige Zusatzleistungen
- Informationsverhalten des Nachfragers
- Kommunikative Erreichbarkeit

Überträgt man dies in eine Analysetabelle und wendet man diese Tabelle auf bestimmte Nachfragertypen an, so erhält man das in Tab. 3.2 dargestellt Ergebnis.

Diese Erwartungen können mit dem eigenen Angebot verglichen werden, um Übereinstimmungen, Abweichungen und Handlungsnotwendigkeiten zu erkennen, wie es beispielhaft in Tab. 3.3 erfolgt.

Dieses Muster wird sich vermutlich je nach Ort und Situation individuell gestalten lassen. Es bietet aber eine einfache Unterlage für die nachfragergerechte Planung des eigenen Angebots.

Tab. 3.2 Analysemuster im Bereich Fahrradtourismus

Aspekt/ Typenbeschreibung	Typ „Geselligkeitsradler“	*Arbeitshilfe: Wählen Sie selbst einen Typus aus und beschreiben Sie diesen*
Kurze Beschreibung	Alter: 50 + Mittleres bis gutes Einkommen Sowohl männlich als auch weiblich Typischerweise als Paar oder in kleiner Freundesgruppe unterwegs	
Allgemeine Erwartungen an die Nutzung	Gut machbare Strecke (ca. 50 bis 75 km pro Tag), die gemeinsame Gespräche und Besichtigungen erlaubt	
Zentrales Motiv für die Nutzung	In Gesellschaft etwas Schönes erleben	
Zeitaufwand für die Nutzung/Zeitrahmen	Fünf bis sieben Tage	
Wesentliche erforderliche Produktmerkmale	Gut ausgeschilderter und bekannter Radweg ohne übermäßige Steigungen, mit kulturellen/ Sightseeing-Angeboten entlang der Strecke	
Nebenaspekte	Unterkunft am Radweg	
Preisbereitschaft des Nachfragers	Unterkunft mit Verpflegung ca. 70 bis 100 € p.P. Andere Ausgaben ca. 10 bis 30 € pro Tag und Person	
Technische Ausrüstung des Nachfragers	Touringbike, oftmals als E-Bike	
Transport zum Nutzungs-ort und zurück	Teilweise mit der Bahn, teilweise mit Pkw (und Rückkehr mit Bahn zum Pkw)	
Verpflegung	Frühstück in der Unterkunft (ggf. „Mitnahme“ am Frühstücksbuffet), zwischendurch in Bäckereien oder Biergartengastronomie am Weg, abends in der Unterkunft oder in der Nähe der Unterkunft	
Übernachtung	Gerne in Pensionen, einfacheren Hotels oder auf einem Weingut	
Notwendige Zusatzleistungen	Möglichkeit zum sicheren Verwahren des Fahrrads und zum Akku-Laden	
Informationsverhalten des Nachfragers	Ausführliche Vorbereitung durch mediale Berichterstattung, gedruckte und Online-Darstellungen und gedruckte Radwegeführer	
Kommunikative Erreichbarkeit	Durch Werbung in Print und Online-Medien, durch redaktionelle Beiträge im Fernsehen (z. B. WDR-Reihe „Wunderschön“)	

Tab. 3.3 Arbeitsvorschlag Angebotsgestaltung im Bereich Fahrradtourismus

Aspekt/Typen-beschreibung	Typ „Geselligkeitsradler“	Weingut „St. Stephanus“ in Musteringen an der Mosel
Kurze Beschreibung	Alter: 50 + Mittleres bis gutes Einkommen Sowohl männlich als auch weiblich Typischerweise als Paar oder in kleiner Freundesgruppe unterwegs	Mosel-Radweg: landschaftliches und kulturelles Erlebnis auf 250 km von Perl bis Koblenz Im Weingut: Angebot von Doppelzimmern (ggf. zur Einzelnutzung) und Familienzimmern
Allgemeine Erwartungen an die Nutzung	Gut machbare Strecke (ca. 50 bis 75 km pro Tag), die gemeinsame Gespräche und Besichtigungen erlaubt	Aufteilung in vier bis fünf Tagesetappen auf gut ausgebauten Radwegen entlang des Flusses, die auch Gespräche während der Fahrt erlauben, mit Durchfahrten durch die Orte entlang der Mosel
Zentrales Motiv für die Nutzung	In Gesellschaft etwas Schönes erleben	Hier kann man fünf Tage etwas Schönes erleben, durch Landschaft, Kultur, Gastronomie/Genuss bei Essen und Wein
Zeitaufwand für die Nutzung/Zeitrahmen	Fünf bis sieben Tage	Ca. fünf Tage
Wesentliche erforder-liche Produktmerkmale	Gut ausgeschilderter und bekannter Radweg ohne übermäßige Steigungen, mit kulturellen/Sightseeing-Angeboten entlang der Strecke	Entsprechend den Produktmerkmalen
Nebenaspekte	Unterkunft am Radweg	Unterkunft wird am Radweg deutlich gekennzeichnet
Preisbereitschaft des Nachfragers	Unterkunft mit Verpflegung ca. 70 bis 100 € p.P. Andere Ausgaben ca. 10 bis 30 € pro Tag und Person	Ca. 70 bis 100 € p.P. und Übernachtung, Abendessen für ca. 15 bis 20 € zzgl. Getränkekonsum
Technische Ausrüstung des Nachfragers	Touringbike, oftmals als E-Bike	Entsprechend abgeschlossene Fahrradbox mit Lade-Möglichkeit

(Fortsetzung)

Tab. 3.3 (Fortsetzung)

Aspekt/Typen-beschreibung	Typ „Geselligkeitsradler“	Weingut „St. Stephanus“ in Musteringen an der Mosel
Transport zum Nutzungs-ort und zurück	Teilweise mit der Bahn, teilweise mit Pkw (und Rückkehr mit Bahn zum Pkw)	Perl, Trier und Koblenz sind per Bahn erreichbar, ggf. einen Shuttle-Service anbieten, wenn Gäste „unterwegs hängenbleiben“ (gegen Gebühr)
Verpflegung	Frühstück in der Unterkunft (ggf. „Mitnahme“ am Frühstücksbuffet), zwischendurch in Bäckereien oder Biergartengastronomie am Weg, abends in der Unterkunft oder in der Nähe der Unterkunft	Abends Winzer-Essen, morgens kontinentales Frühstück, entsprechend Ernährungsgewohnheiten der Gäste, zudem das Angebot, ein Lunchpaket für ca. 10 bis 15 € mit auf den Weg zu bekommen
Übernachtung	Gerne in Pensionen, einfacheren Hotels oder auf einem Weingut	Übernachtung auf dem Weingut als Erlebnis und „mit Anschluss“
Notwendige Zusatz-leistungen	Sicheres Abstellen des Rads, Lademöglichkeiten E-Bike	Abschließbarer Fahrradraum mit Lademöglichkeit, zudem Nachsendung von gekauftem Wein
Informationsverhalten des Nachfragers	Ausführliche Vorbereitung durch mediale Berichterstattung, gedruckte und Online-Darstellungen und gedruckte Radwegeführer	Entsprechend Informationsverhalten: online, Verteilmedien, Auftritte in relevanten TV-Sendungen
Kommunikative Erreichbarkeit	Durch Werbung in Print und Online-Medien, durch redaktionelle Beiträge im Fernsehen (z. B. WDR-Reihe „Wunderschön“)	Online-Informationen, Werbeeindruck in einschlägigen Verteilmedien, ggf. in Promotion-TV-Sendungen auftreten

Aus Anbietersicht wird man allerdings kaum durch eine Nachfragergruppe allein ausreichende Umsätze generieren können. Die Umgestaltung eines Hotels, die Investitionen in eine regionale oder überregionale Fahrradroute oder auch das Angebot einer Mountainbike-fokussierten Bergregion werden sich leichter amortisieren, wenn mehrere Nachfragergruppen gleichermaßen angesprochen werden können. Von daher liegt es nahe, Gemeinsamkeiten verschiedener Nachfragergruppen zu definieren und ein Angebot zu komponieren, das die Bedürfnisse mehrerer zielgruppen zufriedenstellen kann, wie es Tab. 3.4 beispielhaft skizziert.

Tab. 3.4 Angebots-Nachfrage-Abgleich verschiedener Zielgruppen

	Fernradweg-Nutzer	Tages-Tourismus	Gäste eines Fahrrad-Kreuzfahrtschiffs
Gestaltung Radweg	Gut und leicht nutzbar, mit verlässlicher Ausschilderung	Gut und leicht nutzbar, mit verlässlicher Ausschilderung	Gut und leicht nutzbar, mit verlässlicher Ausschilderung
Begleitendes gastronomisches Angebot	Verschiedene Angebote: Bäckereien, Biergärten, Cafés, ergänzend Lebensmitteleinzelhandel	Verschiedene Angebote für Mittags- und Nachmittags-Verpflegung: Bäckereien, Biergärten, Cafés	Verpflegung findet hauptsächlich auf dem Schiff statt, ggf. Café
Kulturelles Angebot	Bei guter Zugänglichkeit und gesicherter Abstellmöglichkeit Insbesondere bei entsprechenden Info-Tafeln	Ggf. gezielter Besuch, Zugänglichkeit ist wichtig, Info-Tafeln können Interesse an bisher unbekannten Elementen wecken	Tendenziell nur bei guter Zugänglichkeit, Infotafeln (mehrsprachig) erhöhen die Verweilwahrscheinlichkeit

In dieser Matrix kann man relativ leicht die Übereinstimmungen (Erwartungen an die Gestaltung und Ausschilderung des Radwegs) erkennen, aber auch Divergenzen (z. B. bezüglich der begleitenden Verpflegung. Es wäre daher zu prüfen, ob in diesem Fall einzelne Nachfragertypen besonders lukrativ oder auch weniger lukrativ erscheinen und demzufolge entsprechend angesprochen werden sollten. Zudem kann z. B. eine Fremdenverkehrsorganisation auf dieser Basis auch die interessierten Tourismusbetriebe in ihrer Region zu einer koordinierten Mitwirkung einladen. Allerdings wissen die entsprechenden Verantwortungsträger durchaus auch um die Mitwirkungsbereitschaft.

Was Sie aus diesem *essential* mitnehmen können

- Eine Einführung in die Geschichte und den Charakter des Fahrradtourismus
- Eine umfassende Darstellung der Nachfrage-Charakteristika
- Anregungen für die nachfragegerechte Gestaltung eines touristischen Angebots

S. Hillebrecht, *Fahrradtourismus verstehen*, essentials,
https://doi.org/10.1007/978-3-658-50297-3

Literatur

ADFC Allgemeiner Deutscher Fahrradclub (2017). Checkliste Bedingungen für die Entwicklung und Vermarktung touristischer Radrouten. Whitepaper. www.adfc.de/fileadmin/user_upload/Expertenbereich/Touristik_und_Hotellerie/Positionspapiere/ADFC_Checkliste_touristische_Radrouten.pdf. Zugegriffen: 25.09.2025.

ADFC Allgemeiner Deutscher Fahrradclub (2024). ADFC-Radreiseanalyse 2024. Whitepaper in Kooperation mit T.I.P. Marktforschung. Berlin: Eigenverlag. www.adfc.de/artikel/adfc-radreiseanalyse-2024-die-ergebnisse. Zugegriffen: 25.09.2025.

ADFC Allgemeiner Deutscher Fahrradclub (o.J.). Bett+Bike-Partner werden. www.bettundbike.de/unterkunft-werden/zertifizierung. Zugegriffen: 24.09.2025.

Ajzen, I. (1991). The Theory of Planned Behavior. *Organizational Behavior and Human Decision Processes, 50*(2), 179–211.

Ajzen, I., & Fishbein, M. (1969). The Prediction of Behavioral Intentions in a Choice Situation. *Journal of Experimental Social Psychology, 5*(4), 400–416.

Antz, C., Bartsch, S., & Hofmeister, G. (2018*). Ich bin dann mal auf dem Weg*. München: UVK.

BMWI Bundesministerium für Wirtschaft (2025). Tourismus. www.bundeswirtschaftsministerium.de/Redaktion/DE/Dossier/tourismus.html. Zugegriffen: 30.09.2025.

Ciascai, O.R., Dezsi, Ş., & Rus, K.A. (2022). Cycling Tourism – A Literature Review to Assess Implications, Multiple Impacts, Vulnerabilities, and Future Perspectives. *Sustainability, 14*(3), 8983. https://doi.org/10.3390/su14158983.

DBSV Deutscher Blinden- und Sehbehindertenverband (o.J.). Tandem fahren. www.dbsv.org/tandem-fahren.html. Zugegriffen: 24.09.2025.

DGOU Deutsche Gesellschaft für Orthopädie und Unfallchirurgie (2018). FAQ – Häufig gestellte Fragen zum Thema Fahrradunfälle. Whitepaper. https://dgou.de/fileadmin/dgou/dgou/Dokumente/Presse/FAQ_Fahrradunfaelle_F.pdf. Zugegeriffen: 26.09.2025.

Dix, A., Loth, N., & Scheitenberger, P. (2019). Historischer Fahrradtourismus in der Fränkischen Schweiz. Beitrag vom September 2019. https://landschaften-in-deutschland.de/themen/81_b_129-historischer-fahrradtourismus/. Zugegriffen: 22.09.2025.

DLR Deutsches Zentrum für Luft- und Raumfahrt (2019). Attraktive Radinfrastruktur. https://elib.dlr.de/129462/1/190527_DLR_Broschuere_DINA4_Online.pdf. Zugegriffen: 29.09.2025.

S. Hillebrecht, *Fahrradtourismus verstehen*, essentials,
https://doi.org/10.1007/978-3-658-50297-3

Dreyer, A., Mühlnickel, R., & Miglbauer, E. (2012). *Radtourismus, Entwicklungen, Potentiale, Perspektiven*. München: Oldenbourg.

DTV 2009: Grundlagenuntersuchung Fahrradtourismus in Deutschland, erstellt im Auftrag des Bundesministeriums für Wirtschaft, Berlin: Eigenverlag, unter https://www.deutschertourismusverband.de/fileadmin/user_upload/Themen/Mobilitaet/Grundlagenuntersuchung_Fahrradtourismus_Langfassung.pdf, aufgerufen 21.11.2025.

DTV Deutscher Tourismusverband (2025). Grundlagenuntersuchung Fahrradtourismus. www.deutschertourismusverband.de/themen/mobilitaet/radtourismus. Zugegriffen: 24.09.2025.

Duran, E., & Başol, F.S. (2018). Cycle Tourism as an Alternative Way of Tourism Development in Canakkale, Turkey., *Journal of Awareness, 4*(3), 25–34. https://doi.org/10.26809/joa201844552.

Evangelische Kirche in Deutschland (o.J.): Radwegekirchen, www.radwegekirchen.de/, zugegriffen am 02.10.2025.

Fraunhofer-Institut für System- und Innovationsforschung ISI (2024). Potenziale des Radverkehrs für den Klimaschutz und für lebenswerte Städte und Regionen. Whitepaper vom 24.05.2024. www.isi-fraunhofer.de/dokumente/ccn/Downloads/2024-05_adfc_radverkehr_potenzial_abschaetzung_studie_langfassung.pdf. Zugegriffen: 29.09.2025.

Girtler, R. (2011). *Vom Fahrrad aus,* 2. Aufl. Münster/Wesf.: LIT.

Han, H., Meng, B., & Kim, Wansoo (2017). Emerging Bicycle Tourism and the Theory of Planned Behavior. *Journal of Sustainable Tourism, 25*(2), 292–309. https://doi.org/10.1080/09669582.2016.1202955.

Han, H., Lho, L.H., Al-Ansi, A., & Yu, Jongsik (2020). Cycling Tourism – A Perspective Article. *Tourism Review, 75*(1), 162–164. https://doi.org/10.1108/TR-06-2019-0268.

Hillebrecht, S. (2024). Tourismusmanagement. *wisu das Wirtschaftsstudium, 53*(6), 579–585.

Kagermeier, A. (2020). *Tourismus in Wirtschaft, Gesellschaft, Raum und Umwelt,* 2. Aufl. München: UTB-UVK.

Kahjehshahkoohi, M., Davoodi, S.R, & Shaaban, K. (2022). Factors Affecting the Behavioral Intention of Tourists on the Use of Bike Sharing in Tourism Areas. *Research in Transportation Business & Management, 42*(2), 100742. https://doi.org/10.1016/j.rtbm.2021.100742.

Klaus, P. (2024). Tandemclub ermöglicht Radtouren für blinde Menschen. Beitrag vom 09.06.2024. www.ndr.de/nachrichten/schleswig-holstein/Tandemclub-ermoeglicht-Radtouren-fuer-blinde-Menschen,tandemclub154.html. Zugegriffen: 25.09.2025.

Koch, C. (2024). *Dynamische Customer-Journey-Analyse*. Wiesbaden: Springer Gabler.

Minculescu, I., & Kleinaltenkamp, M. (2013), Einzelkundenbezogene Dienstleistungserstellung. In G. Schmitz (Hrsg.), *Theorie und Praxis des Dienstleistungsmarketings* (S. 99–119). Wiesbaden: Springer Gabler.

Moat, H.A. (2020). *Time of Birds*. Salford: Sarabond Publishing.

Ntovoli, A., Karagiorgos, T., Myrovali, G., Anoyrkati, E., Papadopoulo, S., Tamiakis, I, & Alexandris, K. (2024), Motives and Constraints to bike Tourism in Greece – „The Go-bike"-Project. *Frontiers in Sports and Active Living, 14*(6),1475533. https://doi.org/10.3389/fspor.2024.1475533.

Osóch, B., & Steingrube, W. (2024). Attractiveness of Bicycle Tourism in Poland. *European Research Studies Journal, 27*(2), 762–769.

Patricio, G.P.J., & Yoarnelys, V.-V. (2024). Bicycle Tourism as a Sustainable Tourism Alternative in Two Rural Areas of Santo Domingo in Ecuardor. *Revista De Gestao, 18*(12), e09743. https://doi.org/10.24857/rsga.v18n12-112.

Pliefke, M., & Metzger, A. (2025). Unterschied E-Bike und Pedelec – Das sollten Sie wissen. Beitrag vom 25.09.2025. https://www.adac.de/rund-ums-fahrzeug/zweirad/fahrrad-ebike-pedelec/vorschriften-verhalten/pedelec-ebike/. Zugegriffen: 30.09.2025.

Poljicek, A.-M., & Sego, D. (2021). Analysis of Cycling Tourism – Case Study Croatia. *International Journal for Trafic and Transportation Engineering, 11*(3), 454–464. https://doi.org/10.7708/ijtte2021.11(3).08.

Ritchie, B.W., & Hall, C.M. (1999). Bicycle Tourism and Regional Development – A New Zealand Case Study. *Anatolia, 10*(2), 89–112. https://doi.org/10.1080/13032917.1999.9686974.

Rüdiger, J. (2025). *Grundwissen Fahrradtourismus*. München: UTB-UVK.

Sambale, M. (2025). Sabotage bei der Bahn – wer steckt dahinter? Beitrag vom 26.09.2025. www.tagesschau.de/inland/gesellschaft/sabotage-bahn-100.html. Zugegriffen: 27.09.2025.

Sann, R., Jansom, S., & Muennaburan, T. (2024). An Extension of the Theory of Planned Behaviour in Thailand Cycling Tourism. *Leisure Studies, 43*(1), 47–61. https://doi.org/10.1080/02614367.2023.2182346.

Schmude, J. (2021). *Marktsegmente des Tourismus*. Darmstadt: wbg.

Sharma, R., & Nag, A. (2025). Mapping Research On Bicycle Tourism – A Bibliometric Analysis. *ATNA Journal of Tourism Studies, 20*(1), 137–160. https://doi.org/10.12727/ajts.33.7.

Smith, R. (2020). Wie das Fahrrad die Welt revolutionierte. Beitrag vom 22.06.2020. https://nationalgeographic.de/geschichte-und-kultur/2020/06/wie-das-fahrrad-die-welt-revolutionierte/. Zugegriffen: 20.09.2025.

Steinbauer, M., Bachinger, M., Sand, M., & Wölfle, F. (2023). *Natur und Mountainbiken*. München: uvk.

Stevens, T. (1887). *Around the World on a Bicycle*. London: Sampson Low, Marston, Searles, and Rivington.

Stolte, D. (2025): Freizeit- und Ausflugsradverkehr – Eine Analyse von Typologien und Ihrem Bezug zum Außenbereich, in: Sieber S., Kühne, O.; Dettmar J.; Vogler R. (ed.): Landschaft und Naherholung, Wiesbaden: Springer VS, S. 271-290.

Tagesschau (2024a). Mehrere Verletzte und Verspätungen durch Unwetter. Beitrag vom 16.04.2024. www.tagesschau.de/inland/unwetter-deutschland-152.html. Zugegriffen: 27.09.2025.

Tagesschau (2024a). Mehrere Verletzte und Verspätungen durch Unwetter. Beitrag vom 16.04.2024. https://www.tagesschau.de/inland/gesellschaft/unfaelle-strassenverkehr-fahrradfahrer-statistik-100.html. Zugegriffen: 27.09.2025.

Volgger, M., & Demetz, M. (2021). The Cycling Tourism Tribe. In C. Pforr, R. Dowling, & M. Volgger (Hrsg.), *Consumer Tribes in Tourism* (S. 177–187). Singapur: Springer Nature.

Wikipedia (o.J.). Thomas Stevens (cyclist). https://en.wikipedia.org/wiki/Thomas_Stevens_(cyclist). Zugegriffen: 22.09.2025.

ZIV Zweiradindustrie-Verband e.V. (2025). ZIV-Position – Radtourismus und Alltagsradverkehr zusammen denken. Pressemitteilung vom 04.08.2025. www.ziv-zweirad.de/ziv-position-radtourismus-und-alltagsradverkehr-zusammen-denken/. Zugegriffen: 18.09.2025.

www.ingramcontent.com/pod-product-compliance
Ingram Content Group UK Ltd.
Pitfield, Milton Keynes, MK11 3LW, UK
UKHW020711041026
15590UKWH00002B/604

* 9 7 8 3 6 5 8 5 0 2 9 6 6 *